養護教諭ってなんだろう？

―その魅力とこれからの養護教諭の専門性とは―

千葉大学教育学部 教授　岡田 加奈子 著

少年写真新聞社

はじめに

私は、母校教育学部で養護教諭を養成し始めた４年目に、養護教諭養成課程に入学いたしました。その当時は、教育学部出身の養護教諭は非常に少なく、看護婦免許を所有していた養護教諭の先生が多かったせいか、授業では「君たちは、看護婦になるわけじゃないから、ここまで知らなくていいな」「看護婦免許を持たない養護教諭なんてありえるのか？」などと、非常勤講師の先生方に言われました。

また、看護婦（当時）が医学とは異なった自らの専門性を明確にして看護学を確立・発展していた時期でもあり、私は「養護教諭の専門となる学問はなんですか」と当時、「養護教諭の職務」の授業を担当していた、最も我々の専門に近いと考えられる先生に質問したところ「教育学、心理学、看護学、医学、健康教育学……の重なったところ」とお答えになりました。

養護教諭は専門職なのに、そのバックボーンとなる「学問」さえも、ほかの学問の重なったところなんていう表し方しかできない、「養護教諭ってなんなんだろう？」と思ったものでした。

卒業後もその思いは、ずっと消えませんでした。養護教諭の現場を見渡してみても、子どもたちのメンタルヘルスの課題からスクールカウンセラーが学校に参入したとき、医療的ケアなどで看護師が学校参入したとき、栄養教諭が学校に位置づけられ、食育や場合によってはアレルギーの子どもたちの対応までも行い始めたとき、“我々がやっていた仕事だったのに、ほかの専門職がやり始めている”と、「養護教諭ってなんなの？」とアイデンティティー（価値観）の揺らぎを覚えた養護教諭も多かったようです。

そのような「養護教諭ってなに者」「養護教諭ってなんだろう」という思いをざっくばらんにまとめたのが本書です。

歴史上、様々な困難な時代においても過去の一人ひとりの養護教諭の努力が、現在の養護教諭の地位を確立・向上させてきました。そのように、現在の養護教諭の在り方が未来の養護教諭の在り方を決めていくように思っています。

本書は、雑誌『健』（2008年2月～2010年1月）で、連載を行っていた「養護教諭ってなに？」を加筆修正いたしました。当時の『健』編集部、現・のまど書房の河崎直人様には、いろいろなアドバイスをいただきました。ありがとうございました。

また本書を発行するにあたっては、原稿を書くことが遅い私を温かく支えてくださった少年写真新聞社編集部　野本雅央様、松尾由紀子様に大変お世話になりました。ここに深く御礼申し上げます。

平成27年7月　岡田 加奈子

もくじ

1 章

養護教諭の専門性

1. 養護教諭の専門性を考える

・養護教諭はすき間産業？
・「養護をつかさどる」ってなに？
・保健室頻回来室者への専門性って？
・子どもたちの抱える問題をキャッチしやすい保健室

養護教諭はすき間産業？

あるスクールカウンセラーいわく、「養護教諭って、すき間産業でしょ」。え～っ？？

「すき間」と言われてイメージするものは、古い戸のすき間から吹き込む「すき間風」などで、あまり良いイメージはありません。

養護教諭は、**“学校で唯一の心身の健康の専門家である教育職員”**ですが、そのスクールカウンセラーの言った「すき間を埋める専門職」とは、一体どういう意味なのでしょうか。

どうも、その方がおっしゃりたかったのは、悪い意味ではないようです。

スクールカウンセラーや栄養教諭、看護師など、様々な専門家が学校教育に参画し、それぞれの専門性から子どもたちを支援しても、専門家と専門家の支援の間に必ずすき間ができます。そして、そこからすき間風が子どもたちに吹く……。すると子どもたちはとても寒い思いをします。

そこで、**子どもたちを中心に据え**、様々な専門家の支援のすき間を埋めるように**「トータルに子どもたちを捉え、支援する専門職が養護教諭の存在だ」**……ということだそうです。

しかし、良い意味だとはいえ「すき間を埋める専門職」という表現は、やはり、ちょっと違和感がありますね。

そこで、私は、養護教諭をこんなふうに捉えています。

夜、並び立つ街灯の光は、暗闇がないように、重なり合わなければなりません。これは、例えばカウンセラーのような専門家と医師のような専門家が重なり合って支援しなければならないのと似ています。しかしながら、現実は、専門家は限られた時間の中で、限られた自分の専門の範疇《はんちゅう》で支援を行います。ときにその支援は強いけれども、狭い範囲である場合もあります。つまり、強い街灯の光は非常に狭く、限局的で、街灯と街灯の間には、暗闇ができてしまうこともあるのです。そうすると子どもは、暗くて、怖くて、危険な状況に陥ります。そのようなときに、もっと高い位置から、広い範囲にわたって照らし出している“月明かり”が、養護教諭だと思うのです。普段は三日月のように照らし出し、今、もっと強い支援が必要なときには、満月になる。そんな、自由自在に照らす強さを変えられるのも養護教諭ならではだと思うのです。

イラスト　牧内冴耶

専門家と専門家の支援の間に暗闇ができないように、いつも、全体を照らし出している“**月明かり**”。こんな養護教諭の役割によって子どもは、すき間風に凍えることも、暗闇におびえることもないのだと思います。

養護教諭ってなにをする人？

「養護教諭の専門性ってなに？」と悩んでいる方は、結構おられるのではないでしょうか。

それは、ひとつには「養護教諭は、児童の養護をつかさどる」（学校教育法第 37 条 12）の“養護”という言葉に由来していると思われます。

“養護をつかさどる”は「児童生徒の健康の保持増進に関する活動」（昭和 47 年の保健体育審議会答申）とされているものの、養護という言葉自体がイメージしにくく、誰もが明確に、かつ同じような意味で捉えられる言葉ではありません。

そのために「養護教諭の専門性とはなにか？」と聞くと、様々な答えが返ってきます。

このような“養護をつかさどる”という言葉の捉え方の多様性や曖昧さもあって、カウンセラーや栄養教諭など様々な専門職が学校教育に参画するたびに、心身の健康の専門家である養護教諭は、はじめのうちはその専門性に揺らぎを覚えたり疑問を呈したりするなど、悩んできたのではないでしょうか。

子どもたちの健康課題、発育・発達課題は、時代とともに、そして社会の変化とともに変わってきており、**変化する子どもたちの多様なニーズを受け止めながら、**養護教諭は**自らの仕事**

を創り出してきました。

そのために、**子どもたちの健康課題・発達課題の重点が移ったり、新たな問題が表面化したりすると、仕事の役割の重点が変化し、新たな役割が加わる**などしてきたのです。

養護教諭の仕事は、その前身である学校看護婦の時代、トラコーマの対処や救急処置活動が主でした。その後、子どもたちの睡眠・食事・運動などの保健行動が問題となれば、予防的な活動である健康教育を行い、メンタルヘルスの問題が大きくなると健康相談、そして、近年では医療的ケアやヘルスプロモーション活動における連携のコーディネーターなど、子どもや社会の期待を受け、次々と新たな役割を創造してきました。

養護教諭の専門性がよくわからない、曖昧だと感じるのであれば、それは養護教諭がなすべき役割のキャパシティーが大きいことを意味し、また仕事が多岐にわたっていることを示すものだといえるでしょう。すなわち、**子どもを中心として、子どものニーズに応える支援**こそが、**養護教諭の専門性**なのです。

重点を置くべき健康課題、発育・発達課題は、時代の変化のみならず、校種・学校規模・職員体制・地域性によって異なり、養護教諭は状況に応じて、多様な役割を果たす必要があります。

子どもたちのニーズに添った支援を模索しながらも、**フレキシブルに新たな役割を創り出していくこと**が、養護教諭の専門性といえるのではないでしょうか。

養護教諭の実践の本質が、教育の新たな地平線を開く
—保健室頻回来室者—

以前、保健室頻回来室者に関する研究を行ったことがあります。

そのきっかけは、あるとき、保健室によく来る生徒たちに向かって担任が、「お前たち、こんなところで、たむろしているんじゃない！」と怒鳴ったことがあったそうです。そのとき、養護教諭は「保健室を“こんなところ”ってなによ。生徒たちはたむろ（そういう学校も、中にはあるかもしれませんが）しているんじゃない。彼らにはこの場が必要なのに……」と思った、ということをうかがったからです。

ほかの先生に「養護教諭は、保健室でなにをしているのかよくわからない」と言われる、自分たちの行っている実践をはっきりした形で伝えることができない、わかってもらえない、ということをときに耳にします。

しかし、養護教諭が教育職員であるというのであれば、養護

教諭は教育者として、なんらかの教育実践活動を行っているはずであり、それを明らかにすれば、頻回来室者の意味や、それに対する養護教諭の実践を、はっきりほかの人に伝えることができると、私は確信しました。

そして、実際に頻回来室者の生徒たちにインタビューして得た結果を分析してみると、生徒たちにとっては、最初は教室とは違った「異場所」であった保健室ですが、徐々に、ホッとしたり、やる気を出したりする場所に変化していくのです。

また、同じような目的で来ている仲間たちと「保健室ピア」つまり“保健室の仲間”をつくる子もいて、それが大変重要であることがわかりました。

子どもたちのニーズを受け止め、サポートできる体制をつくっていく

養護教諭は、まさにマラソンの給水所―走りながらドリンクを飲むことによって、また新たに走り続けられる―のような役目をし、さらには、生徒たちが、養護教諭の働きかけを通じ、人間として成長していく姿が浮かび上がってきました。詳細は「よくわからない実践を見える形にする研究 ～概念（理論）の生成～」（p.118 ～ 120）をご覧ください。

しかし、あるときにこれを養護教諭の先生が発表したら、著名な大学の先生に、「このような子どもは追い返せ、保健室は身体症状を訴える子どもが優先されなければならない」と怒鳴られました。

確かに、過去においては、保健室は身体症状の対処が主であったでしょう。また、その先生のおっしゃることもうなずけます。そのような子どもで保健室がごった返してしまったら、救急処置活動のような、重要な保健室の機能が発揮できなくなるからです。

実はこの問題は、現在では保健室だけの現象ではないそうです。図書館でも同じような状況にあるようで、図書館にもこのような子どもが来るそうです。「養護教諭はまだいいですよ。心と体の専門家だから。本の専門家である我々は、どうしてよいかわかりません」と、司書の方が話されていました。

つまり、頻回来室者の問題は、すでに保健室だけの問題ではなく、子どもたちの問題が大きくならないうちに、学校全体でこれらの子どもたちの声に耳を傾け、ニーズを受け止め、サポートできる体制をつくっていかなければならないという、学校教育全体の課題なのです。

子どもたちの抱える問題をキャッチしやすいのが保健室

養護教諭も含めて、教師はヘトヘトになるまで頑張っていて、目の前の子どもや保護者からは感謝されているものの、世論からは、教育界全体に対して厳しい評価が出されており、ひとたびなにかが生じると、教育バッシングはとどまるところを知りません。

実際に、教師は良い仕事だと思うけれど、大変だから自分はなりたくないという若者の声も聞こえてきています。学校における子どもの課題は多様化・複雑化しており、教師が頑張っていても、手詰まり状態の部分があります。

保健室や学校・地域で養護教諭が感じている子どもの課題は、実は学力に傾斜しがちだった教育界全体の課題です。それをいち早く表出しやすいのが保健室であるため、課題を最も体感し、キャッチしやすい立場にあるのが養護教諭だといえます。

養護教諭の専門性を「教育機能との関連で明らかにすることは、閉塞状態にある教育の新たな地平を開く」※1と、捉えてい

※1 「シンポジウムを振り返って（学会報告〔日本養護教諭教育学会第11回学術集会〕：シンポジウム子どもの発達支援と養護教諭の役割―教育としての養護の機能は何か）」中安紀美子ほか『日本養護教諭教育学会誌』7（1）、p.113-115、2004

る研究者もいます。つまり、閉塞する教育界全体に根底からの疑問を投げかけ、一筋の光を見いだすことができると考えるのです。

そのためには、養護教諭は、保健室で見せる子どもたちの姿から、子どもたちがなにを求め、これらの子どもたちになにが必要なのかを、分析することが重要になります。そして、教育者として、どのような実践活動を行っているのかを、学校や社会に対して、明確に伝えていく必要があるのではないでしょうか。

2. 保健室から学校教育＆社会を変える？

・熱い想《おも》いが世の中を変える
・保健室登校から学校教育を考える

想いを持った実践が世の中を変える

真摯に教育に取り組めば取り組むほど、「なんでこうなっているの？」「全く、こんなんじゃやっていられない」と、疑問・怒りを感じることや文句を言いたくなることが、山ほどありませんか？

文部科学省が言っているから、教育委員会が言っているから、校長が言っているから「どうしようもない……」。あるいは、問題を感じながらも、システムが悪い……、決まりが悪い……、上が悪い……など、半ばあきらめている先生のため息も聞こえてきます。

特に、学校という社会は、文部科学省から教育委員会、または教育委員会から学校、そして校長から学校職員へと、秩序を保つために「上からの画一性」が求められている社会と感じられます。

それにしても、本当にどうしようもないのでしょうか。私は別に「上に盾突け」と言っているのではありません。文部科学省だって、教育委員会だって、子どもの実態や現場の生の声を捉えて、より良い教育を行いたいと思っているのではないでしょうか。

そうした結果、子どもの実態に合わなければ、学校やルールも変わっていかなければならないし、変えていかなければなりません。

もちろん、ルールやシステムを変えることはそれほど簡単ではありません。しかし、なにかひとつが変わることによって、多くの子どもたちが救われた例もあります。

医療的ケアの例

養護教諭の実践ではありませんが、盲・聾《ろう》・養護学校（現・特別支援学校）において、日常的に行われる頻度が高いと考えられる３つの行為（たんの吸引、経管栄養、導尿の補助の、いわゆる医療的ケア）について、看護師の常駐と研修を受けることなどを条件に、教員が実施することを「やむを得ない」とする考え方が、2004 年９月に認められました。

この背景には、子どもたちが学校で教育を受けるために“これらの行為が必要不可欠である”という、教員の熱い想いがあります。またそのために、長い間の学校現場におけるモデル事業のもと、研究的な実践を繰り返し行ってきました。

医師法第 17 条に抵触するのではないかという法律家、医療関係者の意見を覆す原動力となったのは、実際に学校に出向いて、各領域の専門家がその研究的な実践を目の当たりにしたことだったそうです。経管栄養ひとつをとっても、分厚いマニュアルやチェックリストなどをつくり上げ、一つひとつきちんと実践している学校の先生方の熱意と技術を見て、専門家たちは、「これなら大丈夫だ」と思ったといいます。それまでは、保護者がずっと学校で待機していなければならなかったり、医療的ケアが理由で子どもが学校に来られなかったりしたこともありました。

そのような子どもを目の当たりにし、なんとか子どもたちが学校に来られるようにしたいという、熱い想いによる現場の教師の実践が、法律の解釈までも変えたといってよいでしょう。これにより、多くの学校で整備が進み、これらのケアの必要な多くの子どもたちの学校生活が、可能になったことは言うまでもありません。

その後、2012 年４月からは「社会福祉士及び介護福祉士法」の一部改正を受け、都道府県知事の認定により、特別支援学校の教員も、喀痰《かくたん》の吸引（口腔内・鼻腔内、気管カニューレ）、経管栄養などの行為が、校内体制の整備などの条件が満たされれば、正式に認められることとなりました。つまり、教師の熱意が法律をも変えたのです。

保健室登校から学校教育を考える

今では「保健室登校」は、誰もが知っている言葉です。ご存じの通り“学校に来ても教室には入らずに常時保健室にいるか、特定の授業には出席できても、学校にいる間は主に保健室にいる状態”をいいます。

しかし以前は、登校は学校に対してのもので、保健室に登校をするなんてことはあり得ないし、そんな俗語もあり得ないと言われた時代があったそうです。保健室までは来られるけれど、教室には行けないという子どもの存在は、それ以前からあった現象とはいえ、それが社会的に認められるようになったのは1990年代だと思います。

1991年9月27日の朝日新聞に掲載された「天声人語」（右ページに全文掲載）では、**保健室登校は「教育の場での子どもの悲鳴であり、自衛行動」**だと指摘されています。

つまり、養護教諭がそれらの悲鳴にいち早く気づき、子どもたちのニーズを受け止め、寄り添うことで始められた実践が、保健室登校といえるでしょう。そして、保健室登校という名前がついたことによって、社会に認められる現象になったといえます。

新聞に掲載された保健室登校の記事より

▼学校の養護教員は、いつも忙しい思いをしている。子供たちが、次々にかけこむ。長時間、居座る子もいる。朝食をきちんと食べていない子がいる。「おなかが痛い」と青い顔で訴える子は、朝の排便がすんでいない。

▼保健室に来る女の子の中には、30分も休みなしに話し続けるものもいる。それを聞いてやる。男の子は、身体的接触を求めることがある、と群馬県の小学校の養護教員が書いていた。「足が痛い」と言いながら走ってくる。その「痛い足」をさすってやると、にこにこして帰ってゆく……。

▼「保健室登校」という言葉がある。学校まで来るには来たが、教室には入りたくない。保健室に行く。そこで、自習したり、話をしたりする。授業には出るが、休み時間になると保健室にもどるという子供もいる。そういう実態を、大阪府立高校養護教諭研究会が調べた。

▼保健室登校を登校と認めて登校日数に数えるか。保健室での個別授業を教科時数として数えるか。それは学校によってまちまちだった。自習のほかに散歩や体操をさせたり、保健室の一部を専用の場所にするなど、養護の先生たちは、さまざまな工夫をしている。

▼保健室登校で、生徒はどう変化するか、半数は「良くなった」という。保健室はなぜ子供に好まれるのだろう。何より時間にしばられない、成績の評価もない、評価をしない養護の先生と話ができ、しかも個人として扱ってくれる……保健室で子供を見ている人の分析だ。

▼そういう場は、実は、だれにも必要だ。仕事を離れ、大人が友達と酒や食事をともにし、語り、慰め、励まし合うのも「保健室」かも知れぬ。昔の家庭では祖父母が子どもの「保健室」であり得た。友人は今も昔もそうである。

▼保健室登校という現象は、教育の場での子供の悲鳴であり、自衛行動なのだろう。少数であっても無視できぬ信号だ。

(森川英子先生提供　「天声人語」『朝日新聞』1991.9.27 朝刊)

しかし子どもたちの、**教育を受ける権利を守る**という点からも、保健室登校は保健室や養護教諭のみが請け負うべき問題ではないはずです。

保健室登校という名前であるがゆえに、養護教諭だけの仕事のように、養護教諭自身も学校自体も錯覚し、その結果、一人で抱え込んで悩んでいる養護教諭の先生もおられるかもしれません。

しかし、子どもたちの教育を保証するためのアプローチは、養護教諭も含めた、学校全体で対応すべき課題です。そして、学校全体で対応するにしても、保健室登校に関して、今養護教諭が行うべきことは、教育の場としての保健室で、養護教諭が一人ひとりの子どもの成長・発達に即して、どのような支援をしたのか。そしてその結果、子どもたちはどのように成長・発達したのかを、明確にすることではないでしょうか。

そのためには、実践記録をまとめ、報告することが必要なことだと思います。

保健室登校の半分以上は、保健室に隣接している部屋での別室登校だそうです。形や場としての保健室登校ではなく、今述べたような教育実践としての保健室登校が検討され、記録に残されていれば、たとえこれから保健室登校がどのような形になろうとも、子どもたちのニーズに寄り添う、一歩進んだ支援や教育実践へとつなげられるのではないでしょうか。

保健室登校という子どもの悲鳴に対して、養護教諭の想いを持った実践が発表されるとき、学校教育全体への問題点が、改めて明らかにできると思います。そして、そうすることにより、養護教諭が専門性を振りかざさなくとも、人に必要とされている教育専門職であることが、自ずと示されるでしょう。

○「保健室登校の研究」大谷尚子、森田光子編著『健康教室臨時増刊号』第 56 巻　第 16 号（通巻 829 号）2005
○『保健室登校で育つ子どもたち』数見隆生、藤田和也編　農山漁村文化研究会　2005

などでは実践記録を含めて言及されています。

3. ジェネラル・スペシャリストの保健室経営

・保健室はヘルスプロモーションセンター
・保健室経営計画の提示は必要？
・養護教諭はジェネラリストの中のスペシャリスト

自信がなくて、なかなか……

「保健室では“どのような方針のもとで子どもたちと接していくか”など、具体的な保健室経営計画を、他職員へ提示することが重要だと痛感しています。でも、自信がなくてなかなか……、いや、頑張るぞと、日々自分と戦う毎日です」

ある日、こんなメールが卒業生から来ました。最近は、上の文面にもあるように「保健室経営（計画）」という言葉を、よく耳にしますね。

「保健室経営計画とは、当該学校の教育目標及び学校保健目標などを受け、その具現化を図るために保健室の経営において達成されるべき目標を立て、計画的・組織的に運営されるために作成される計画である」[※2]とされています。

しかし実際には、どれぐらいの先生方が、保健室経営計画を立て、ほかの教職員に提示されているのでしょうか。日本学校保健会の調査（平成23年）では、全体の27％が保健室経営計画を作成していなかったそうです。私がいろいろな県でうかがった経験では、ほとんど全員が保健室経営計画を立案して、実施している県もあれば、校種によってあまり実施していない、もしくは保健室経営計画を書いても分厚いファイルにとじ込み、１年近く眠らせて３月になって次年度の計画を立てるときに見直すだけとか、他教職員に提示していないなど、かなりの差がありました。

保健室から、ヘルスプロモーションセンターへ

保健室経営という言葉だけを捉えると“保健室で養護教諭が行うこと”という印象を与えてしまいがちです。

※2 『保健室経営計画作成の手引』日本学校保健会　2015

しかし、健康・発達課題、学校環境など、子どもたちの課題は多様化・複雑化し、保健室経営で扱う課題であっても、養護教諭や保健室のみで対応できる課題は限られています。子どもの健康に関わる様々な課題は、まさに学校教育全体の課題であり、本当は学校全体で取り組まなければならないことが多いはずです。

一方、それらの健康に関わる課題を、子どもたちが表出しやすいのも保健室です。つまり、養護教諭が捉えた子どもの健康に関わる課題を、学校全体、さらには社会全体の課題として受け止め、教職員や保護者・地域社会が協働して行動できるように、課題を投げかけていく責任が、養護教諭にはあるのではないでしょうか。

要するに、保健室を中心として、学校全体への、そして社会をも視野に入れた、健康への取り組みが求められているのです。

言葉を変えるなら、学校や地域社会のヘルスプロモーションセンターとしての機能が、保健室には必要だということです。

ですから、このような意味からも、保健室経営計画を書き、ほかの教職員に伝えることは、非常に重要になってきます。

保健室経営計画の提示

東京家政大学准教授の平川俊功氏は、養護教諭であったとき、「作成した保健室経営計画を提示したことで、けがの手当、健康相談、ほけんだよりの発行など、はた目からは単発のように見える一つひとつの活動に、きちんとした方針があるということを、教職員全員に理解してもらえるようになりました。そのことが保健室の取り組みを、教育活動の一環として位置づけることに、非常に効果的に働いたと思います」とおっしゃっています。

また、保健室経営計画を周りの教師に提示することで「保健室での取り組みには、一つひとつに意図があり、自分たちの仕事とつながることで、教育活動を一緒に推進しているんだという実感を持ってもらえたようです」とも言われています。

さらに「様々な課題を持つ目の前の子どもたちに、どう関わっていけば、その子の成長・発達につながるのか。その思いを組織に発信してからは、保健室への教師の相談がすごく増えてきました」と、教師からのフィードバックが増えたことも指摘されています。

保健室経営計画を立てる際に……

そうはいっても、保健室経営計画を立てる際に、どうしたらよいか困っておられる先生もいらっしゃるでしょう。

平川氏は「学校教育目標を達成するために、自分の職務からなにができるかという視点で、保健目標に迫っていく。それを具現化するために養護教諭としては、どういうスタンスで、どういう方策で取り組んでいくべきか。どんなテーマを設定する必要があるのか。年間計画は、月の目標は、毎日の取り組みは、それらをひとつずつ、本当に真剣に考えていきました。重要なのは、目の前にいる子どもにどんな課題があって、どんな方向に育っていってほしいか、それをじっくり見据えて、なおかつ学校組織がどちらの方向を向いて教育活動をしていこうとしているのか。そこをちゃんとキャッチすること」※3だと言われているのです。

保健室経営計画の立案・活用のポイント

それでは、保健室経営計画に関して養護教諭は具体的にはどのようなことを行えばよいのでしょうか。

1．保健室経営計画を教職員全員に伝える。必要に応じて、保護者・地域社会へも理解できる形で伝える。

どちらかというと養護教諭は、1校一人の学校が多いために、自分だけが理解して、自分なりの方法で職務を行って済んでしまっている方もいるようです。それでは多くの人に理解はされません。様々な情報を明確な形で表している保健室経営計画を、相手に則した理解できる形で伝えていく必要があります。また、一度ならず、チャンスがあったら、または、学校保健委員会のときなどを利用して、年度の途中、必要に応じて、繰り返し、

※3 「保健室経営アイデアノート」平川俊功『健康教室臨時増刊号』第59巻、第2号（通巻862号）、2008、本人了解のもと一部改変

伝えていく機会を持てるといいですね。

2. 学校教育目標、学校保健計画を受けて行う。

学校において立案された学校教育目標を受けて学校保健（保健教育、保健管理ならびに保健組織活動）計画が展開され、保健室経営は、それを受けて行われるものです。反対に、保健室経営計画にぜひ組み込むべき事柄は、前年度末の計画時に学校教育目標や学校保健計画の中に組み込んでもらう必要があります。

3. 計画（Plan）・実施（Do）・評価（Check）・改善行動（Action）

経営と名が付いているからには、計画（Plan）・実施（Do）・評価（Check）・改善行動（Action）：ＰＤＣＡという一連の過程を踏まえて、計画的に学校全体で運営していくことが重要となります。特に、実践は頑張っていますが、評価が弱い傾向にありますので、これからの課題といえましょう。

しかし、経営もさることながら、養護教諭は子どもたちのニーズに寄り添って、自分の仕事を創り出して行く仕事であるため、計画実施評価（改善行動）というＰＤＳ／ＰＤＣＡサイクルがなじまないと考えられる先生もいるかもしれません。

しかし、専門家の実践は、その段階での十分な情報の把握、そしてそれを基盤とした、先を見通した計画なくしてはあり得ません。もちろん、年間計画で計画を立てやすい健康診断のようなものと、刻々と評価し、計画を変更しながら実践を行う健康相談のようなものまで、役割は様々です。

役割の中でも、計画を立てやすいものと立てにくいもの、突発的なものがあるとは思いますが、子どもたちのニーズを十分把握しつつ、保健室経営では、ある程度の見通しが持てるのが専門家です。

まさに、フレキシブルに、子どもたちの状態に即して、必要に応じて計画を修正していく柔軟さが求められるでしょう。

4. 高い専門性

そして、いろいろな人が関わる関係から、各人が高い専門性を持たなければなりません。中でも、子どもたちの健康・発達課題、環境課題などをキャッチする力、そして、それを人々が理解して動けるように、情報を伝える力が必要となります。

養護教諭は地域までも視野に入れた、ヘルスプロモーションセンターの経営者である視点が必要となります。

ジェネラル・スペシャリスト

元愛知教育大学教授の野村和雄氏は、「養護教諭は、ベテランになればなるほど、養護教諭らしいものの見方しかできなくなるのはなぜか」[※4]と、指摘しておられます。「もちろん、中には柔軟な頭脳の持ち主はおられますが」と、断り書きを入れ

※4 『日本教育保健学会ニューズレター』野村和雄　2006年42号

られてはいますが……。専門性を極めていくことは非常に重要です。しかし、ベテランになればなるほど、専門性を極める一方で、幅広い視点からものを見なければなりません。

ジェネラリスト（万能選手）として、幅広い視点からものが見え、その中で**スペシャリストとしての専門性を発揮**できる**「ジェネラル・スペシャリスト」**いわゆる**「ジェネ・スペ」**こそ、養護教諭に求められているといえましょう。

専門性を追究するあまり、スペシャリストに偏った見方しかできなくなった場合に“能力はあるんだけど、学校では多少浮いてしまう養護教諭”になってしまうのではないでしょうか。

自信がなくても、**まずは保健室経営計画を書いて、教職員に提示してみる**こと。すなわちそれは“**自分自身がまず、子どもの課題を真剣に考える**”そして“**学校全体の方向性を視野に入れながら、支援の方向を見定める**”だから“**ほかの人に伝えられる**”。それが“**ほかの教職員から理解をいただけたり、意見**

をもらえたりする”ということにつながるのだと思います。

こうしてみると、保健室経営計画を学校全体の教職員に示すということは、スペシャリストとしても、ジェネラリストとしても鍛えられるということになります。さらに、教育職員としての養護教諭の専門性を、教職員全体に理解してもらうための一番の近道であると感じます。

4. 連携・協働のミドルリーダー

・保健室王国ってなに？
・コーディネーターとしての養護教諭
・ミドルリーダーの役割とは？

保健室王国

　連携という言葉が、あちらこちらで聞かれ、養護教諭のコーディネーターとしての役割の重要性が叫ばれています。次々に山積する子どもたちの課題に対して、個々に対応するだけでは限界があり、校内連携、つまり学校内の組織力を高めて対応していく必要性があるからです。

　しかし「学校の組織は、互いの“縄張り”には口を差しはさまないという、暗黙の了解の上に成り立っている」※5と、千葉大学の天笠茂氏は指摘しています。

「すなわち、それぞれ教室を構え、それを自らの“城”として“王国”を築くのである。それが学級であることもあれば、教

※5 「ヘルシースクールと学校保健経営」天笠茂『第54回日本学校保健学会講演集』(『学校保健研究』Vol.49、Suppl)、p.50-51、2007

科であることもある。教育界には、古くから“学級王国”という言葉があり、現在においても生き続けている」と。

確かに、養護教諭に聞いてみると「自分の仕事について、管理職からはさておき、失敗しない限り、普段はほかの先生からはあまりとやかく言われたことがない」とおっしゃる方が、特に小、中、高校とあがるにつれ、けっこうおられます。やはり、保健室王国なのでしょうか？

たとえ専門領域が異なっていても、ほかの人から、自分自身や養護教諭に関しての在り方、仕事の仕方について、いつも批判され、叱られてばかりいる私からすると、びっくりする発言でした。

それゆえに、教職員同士の関係が表面上は良好で、心地よい関係だという場合でも「とかく教職員が一人ひとり分離して、バラバラな状態に陥ったり、連携とか協力といったことが形骸化してしまったりするところがある」※6と危惧されるのです。

※6 「ヘルシースクールと学校保健経営」天笠茂『第54回日本学校保健学会講演集』(『学校保健研究』Vol.49、Suppl)、p.50-51、2007

暗黙の学校ヒエラルキー ～保護者・地域との真の連携～

また、学校内だけに限らず「地域と保護者との連携」も、キャッチフレーズのように使われています。確かに、保護者や地域の人が学校区のパトロールをしたり、学校で授業をしたりといった、形の上での連携は、着実に進んでいると思います。

連携というからには、上下の関係ではなく、同等の横の関係でなければなりません。

モンスター・ペアレント（学校に対して、自己中心的で理不尽な要求を繰り返す保護者）や、クレーマー保護者の存在は頭が痛い一方、「学校や先生には、なかなか言えないよね」「言うのは勇気がいるよね」といった保護者の声も耳にします。

つまり「平民の保護者から、上にいる教育の専門家（教師）にものを申すのは難しい」といった暗黙のヒエラルキー（上下の階層関係）が、いまだ一部には、見え隠れすると感じるのは私だけでしょうか。よく考えてみると、登校・下校という言葉も“登”と“下”と学校が高い位置にあるような……。

はしとスプーン

先日、ある小学生の保護者から、以下のような話をうかがいました。

保護者より

この間、保護者対象の給食試食会がありました。終了後のアンケートに、「いわしの唐揚げを先割れスプーンではなく、普通の丸いスプーンで食べるのは大変だった。どうして、おはしとスプーンの両方を出さないのでしょうか？」といった意見が多数寄せられました。

そこで栄養士さんに、それらに対する回答を保護者宛のお便りにのせたいので書いてください、とお願いしたところ、次のような回答が寄せられました。

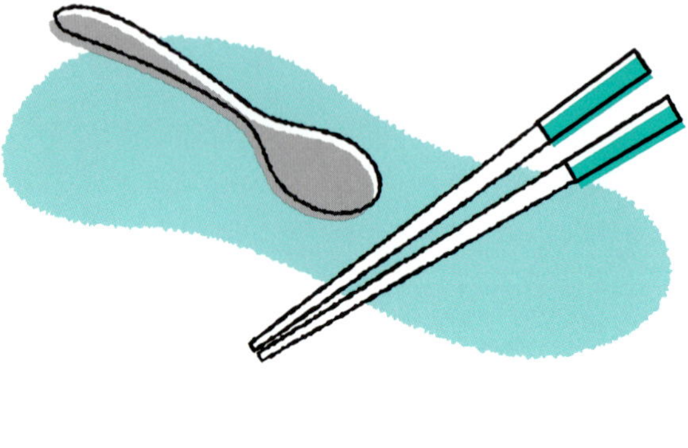

栄養士より

基本的に、どちらかひとつの提供となります。ただ、どちらのほうが良いかは、献立のメニューによって検討しています。現状としては、おはしとスプーンを両方出すことは、決められた人材・設備（洗浄）の点から難しいのです。

また、学校で対応できないのであれば、家庭から持参してはどうか、というお話もありましたが、家庭から持ってくるのは、衛生面から好ましくないと考えています。

先日は、麻婆豆腐だったのでスプーンにしましたが、現状としてできるのは、メニューの組み合わせを検討し、子どもたちが食べやすい方法を、考えていくことが必要かと思います。

さて、皆さんはこの回答に違和感を感じたでしょうか？　感じなかったでしょうか？

その後「（両方出している学校、持参させている学校もあるのに……）学校には、いくら言っても無駄だね」。保護者の間には、こんな雰囲気が流れてしまったそうです。

この回答、自らの立場を説明するばかりで、保護者の言葉にはひとつも耳を傾けていません。私は、食の専門家を後ろ盾にした、学校ヒエラルキー（上下の階層関係）文化をなんとなく感じてしまいました。これが、次のような返答ならどうでしょうか。

栄養士より

確かにそうですね。どちらも出せれば良いのですが、洗う機械や人件費、時間の関係上、両方出すのが現在は困難な状況です。

保護者が、子どもたち全員に食中毒が起こらないような工夫をしていただけるなら、おはしを持参するということも可能だと思います。これから一緒に考えていきませんか。

こう言われたら、保護者の方も「一緒に考えていこう！」と、思うのではないでしょうか。

真の連携がつくられていくのも、一瞬にして壊れるのも、実は「たった一言から」かもしれません。重要なのは、連携をつくり出していくプロセスにあると思います。

そして、そのときのキーワードのひとつは、同等の立場における“共感”だと思います。そうすることにより、相互に理解し合い、子どもたちへのより良い支援に向かって、皆が協働しながら、力を出し合っていけるのではないでしょうか。

リーダーシップ力とカウンセリングマインド

連携のキーワードのひとつ、“共感”は養護教諭が得意とするところで、さらに、養護教諭は学校全体を見渡せる立場にいるのですから、連携のキーパーソンとか、コーディネーターといわれるのは、当然のことだと思います。

ある養護教諭の先生が「私は、複数の人前で話すのが苦手なんです。ですから職員会議で話すときなど、緊張してしまって……」と話されていました。しかし、その先生は、一人ひとりと親身に向き合って対応することは、絶対に負けないというぐらい、子どもに対しても、先生方に対しても、丁寧に接しているそうです。その養護教諭の先生がいろいろな子どもや先生方の情報を知っているので、先生方がその養護教諭のところに情報を得に来るそうです。

すると、それに関連していろいろな先生が自分の知っている情報を養護教諭に話すので、なおさら、養護教諭にいろいろな情報が集まるそうです。多くの先生が養護教諭の先生に「どうすればいいと思う？」と相談を持ちかけるようになってきたと言います。すると、知らないうちに養護教諭が「こうしてみたらどうかしら？」とアドバイスしたように学校が動くようになってきたと言います。

つまり、その先生は、皆の前に立って旗を振って先導したわけではないのに、知らない間に「ミドルリーダー」の役割を担っていたと言います。

明治大学の諸富祥彦氏は、講演の中で、教員に必要な力として、リーダーシップとカウンセリングマインドを挙げていました。

20 歳代、50 歳代教諭の 35% が、リーダーシップ力はあってもカウンセリングマインドはなく、学級崩壊を起こす可能性のあるクラス担任の８割が、このグループに属する先生だそうです（ちなみに、どちらの力も「ない」先生が 10%おられるそうです）。

たしかに、教諭の先生に聞くと、自分にはリーダーシップのほうがあると答える先生が圧倒的に多く、反対に養護教諭の場合は、ほとんどの方が、カウンセリングマインドのほうがあると答えます。つまり、今後養護教諭が研鑚《けんさん》すべき力は、まさしくリーダーシップ力といえましょう。養護の先生の中には「人の前に出るのは不得意。養護教諭は、一歩下がっていたほうがうまくいく」と、思ってらっしゃる方がいるかもしれません。しかし、人前で旗を振るだけが、リーダーシップの取り方ではありませんよね。

「温厚で、皆の意見をよく聞き、その人の交通整理で、行くべき道が見えてくる。そして、みんなもやる気になる」といったリーダーを思い浮かべてみてください。

千葉大学の天笠茂氏も「学校の目指す方向や、経営計画の作成にも積極的に関わり、やる気と自信、そして、責任感を持って組織をリードする、**ミドルリーダー**の存在が、学校を危機から救うといっても過言ではない」とおっしゃっています。

これからは教員一人ひとりの、そして、特に養護教諭のリーダーシップが問われている時代だといえましょう。

5. ケアリング・ティーチャー

・養護教諭はなんでも屋
・養護教諭はケアリング・ティーチャー
・頑張りすぎる養護教諭のケアリング

ボタン付けは養護教諭の仕事？

「なんでも屋だなって思うこともあるけれど、私が養護教諭として日々大切にしていることといえば、保護者の指の間からこぼれ落ち、担任の手のひらからあふれ落ちてきた子どもたちを、受け止めていることかな……」

イラスト　牧内冴耶

ある養護教諭が、ポツンとこうおっしゃいました。そして「私って、生徒の服のボタン付けまでするんですよ。でも、それがそのときのその子に必要だから」と……。

「教」・「育」

当たり前のことですが、学校は知識を修得するだけでなく、人格形成や人間的成長を支援する総合的な教育の場です。**「教育」**という言葉は、ティーチングと英訳することができますが、日本語では、まさしく**「教える」「育てる」**という字の組み合わせから成り立っています。

一般的に学校というと“教科などを通じて学力の向上を目指す場所”というイメージが、まず思い浮かびます。そして、その前提には、学校のルールを守るなどの“社会規範を体得する”ことや、友だち同士の関係を築くといった“人間関係の構築”があります。

そういった社会性の学びを目指し、ともに生活する中での生活指導も、学校においての重要な教育のひとつだといえます。

しかし、おなかがすいていたり、眠かったりなど、生理的な欲求が充足していなかったり、「私のいる場所は安全で安心できる場所」であるという“安堵感《あんどかん》”を、子どもたちが感じていなければ、効果的に学ぶことはできません。人間の基本的欲求が満たされているということが、非常に重要なのです。

すなわち、子どもたちの生活の中で「食事・睡眠」や「安全・安心」が、至極当然のこととして確保されるように、家庭のみならず教師側も、それらの環境を整え、改善していく視点が不可欠だといえるのです。

あなたが大切だ

そして、さらに重要であるのは、セルフ・エスティーム（自尊感情）が注目されているように、「自分は大切な、かけがえのない人間である」といったことを、子ども自身が実感できなければなりません。「どうせ私なんか……」というネガティブな考え方では、学習する意欲はわいてきません。

「子どもたち自身が、自分の命や健康を、かけがえのないものであることを実感できる」。このことが非常に大切だと考えられるのです。

以前、駅などに貼られていたポスターにこんなセリフがありました。"命は大切だ。命を大切に。そんなこと何千何万回言われるより、「あなたが大切だ」だれかがそう言ってくれたらそれだけで生きていける"※7覚えている方はおられるでしょうか？

自分が大切な存在であると思えない状況は、多くの子どもたちに広がっている、まさに切実な問題だと思います。その意味で、このポスターに書かれた文章は、現在の子どもたちが置かれた閉塞的な状況を、的確に表現しているように思えるのです。この「あなたが大切だ」という言葉が「育てる」ことの基盤なのではないでしょうか。

ケアリング・ティーチャー

つまり"教える"という行為が成り立つためには、健康的で"安全・安心な生活"が保障され、"自分が大切な存在"であることが感じられる環境が必要なのです。

教諭は、勉強を教えるというイメージで**ティーチング（教える「確かな学び」）**。一方、**養護教諭**は植物を育てるというイメージがあって、**ケアリング（植物を育てる「豊かな育ち」）**という言葉がぴったりきます（もちろん、教諭もケアリングを、養護教諭もティーチングを行うのですが……）。

この「ケアリング」という言葉は、なにかをするといったフィジカル面だけでなく「（誰かのことを）大切に思う」「愛する」「共

※7 「あなたが大切だ」ACジャパンポスター　2005

感する」というようなメンタルな要素も併せ持っています。

大谷尚子氏は、育てるを育《はぐく》むとして「羽含む」とも書けると言い、「親鳥が身を呈してヒナを守るという強い姿勢を連想させる、単に優しさだけではなく内に秘めた激しい愛を持っている」[※8]ということを述べられています。

ボタン付けの意味

さて、ボタン付けをした養護教諭は、ボタンを付けている前後に、そして、付けている間にどんな会話を生徒としたのでしょうか？

また、生徒は、ボタンを付けてくれている養護教諭を、どんな気持ちで見ていたのでしょうか？

この生徒は、どのような家庭の、どのような子どもなのでしょうか？

「ボタン付けがその子に必要だから」という言葉には、ボタンを付けるという行為を通じて行われる、養護教諭の「育てる」専門家としての判断と実践があるのだと思います。

まさに、大谷氏は「子どもは生命と健康が守られ、自分がかけがえのない存在と受け入れられていることを実感し、日々を安心して自由に過ごせて、はじめて人格的成長がはかられる。そのために不可欠なものが《養護》である」と説き、「それゆえ養護教諭は、必然的に『子どもたちの生活に寄り添い、深く

※8 『養護教諭のための養護学・序説』大谷尚子　ジャパンマシニスト社　2008

かかわる』ことが求められている職業である」[※9]と言及しています。

さらに、「人間にとって大事なことはなにか。子どもが生きていくこと、成長することのために最も大事なことはなにか」「それをきちんとしているかどうかが（養護教諭に）問われると思います」[※10]と結んでいます。

今という時代だからなおさら、専門職としての技術や能力の根底に、教育者として大切なものを見抜く目と、確固たる基盤を持っているかどうかが求められているのだと思います。

※9『養護教諭必携シリーズ　養護教諭の行う健康相談活動』大谷尚子　東山書房　2000
※10『養護教諭のための養護学・序説』大谷尚子　ジャパンマシニスト社　2008

頑張りすぎる養護教諭のケアリング

しかし、こんなことを聞くと、ますます気が重くなってしまった方もおられるかもしれません。

養護教諭も含めた、教師に対する社会の期待と依存は、ふくれゆくばかりで、その期待に応えようとするあまり、頑張りすぎると息切れを起こしてしまいます。

「彼のために、私はこんなに尽くしたのに……」ときに大学生は、こんな恋愛相談を持ちかけてきますが、自己犠牲の上に恋愛は成り立ちませんよね。それと同じように、教師の犠牲の上に子どもの幸せも成り立ちません。

「学校という場は、生徒、教師、そして学校に関わる様々な人々が、ケアしケアされる場である」[※11][※12]と言われるように、ケアをする養護教諭自身もまた、ケアされているのです。

このような、子どもと養護教諭の間の、ケアしケアされる互恵的《ごけいてき》関係から、「養護は養互（お互いにケアしあう関係）である」[※13]と言う人もいます。

また、ケアリング論の先駆者としても知られるミルトン・メイヤロフは、自身の著書『ケアの本質』（1971年刊）の中で「相手の成長をたすけること、そのことによってこそ、私は自分自身を実現する」と、ケアリングを通した自己実現について述べています。

子どもに癒やされる、子どもとともに成長していると感じられていますか？

息が切れてしまったら、ときには、肩の力を抜いてみることも重要です。養護教諭自身も「あなたが大切」なのですから。

※11　*The Challenge to Care in Schools*, Nel Noddings:An Alternative Approach to Educaion,New York,Teachers College Press 1992
Caring and the Science of Unitary Human Beings, Smith, C. Marline, Advances in Nursing Science,Vol. 21, No. 4 , 14-28 1999
「ケアリングと統一体としての人間の科学」諸田直実、河野文子、菊地美香、遠藤恵美子訳『Quality Nursing』 7（1）、p.33-46、2001

※ 12「学校におけるケアリングの課題」秋田喜代美『第 48 回日本学校保健学会講演集』（『学校保健研究』Vol.43、Suppl）、p.70-71、2001

※ 13「養護教諭と子どものケアリングプロセス－ケアしケアされる互恵的関係の諸相とケアの内実」鹿野裕美『学校保健研究』51（2）、p.102-111、2009

6. 教育職員の証し

・養護教諭の兼職発令
・養護教諭の行う健康教育の特徴
・養護教諭はエキスパート「ながら教育」族

保健の授業

少し前まで（今でもそうかもしれませんが……）は「教育職員としての養護教諭の専門性の確立」といったシンポジウムや、それをテーマにした研究会などが、頻繁に行われていました。

旗を振って「私たちは教育職員だ！」とデモでもしなければ、養護教諭が教育職員だと理解してもらえないような状況が、昔は少なからずありました。

かつて“雨降り保健”（雨が降って体育ができないから保健でもしようか）という言葉が存在したように、保健の授業は大切さがいまひとつ認識されておらず、そこで注目され、期待されることになったのが養護教諭だと思います。

現在においては、各方面の方々の努力もあって、兼職発令により、保健学習が養護教諭一人でも担当できるようになりました。

コラム　養護教諭の兼職発令

教育職員免許法の一部改正により平成 10 年 7 月 1 日から、養護教諭の免許状を有し、３年以上勤務経験があるもので、現に養護教諭として勤務している者は、当分の間、その勤務する学校において、保健の教科の領域に係る事項の教授を担当する教諭又は講師になることができる。なお、その際には教諭又は講師の兼職発令を行う必要がある（附則第 15 条）。

全国養護教諭連絡協議会の平成 24 年の調査では、兼職発令を受けている養護教諭は、5.5%であるが、実際に教科保健を担当している養護教諭は 25.3% 存在する。

専門家の指導型から学習者中心のサポート型健康教育へ

近年、一般成人に対する健康教育で、メタボリックシンドロームが注目され、保健指導という言葉もよく聞かれるようになりました。

しかし、この「指導」という言葉は、「“指”さし“導”く」と書くように、専門家が「君たちの目標はあそこだよ」「○○時に寝て、食事は三食きちんと、これとこれを食べなくちゃだめだよ」と、“指導”することを表しています。そして長年の、日常生活行動の変容を目指す健康教育が「指導型」だと、行動変容の効果がなかなか上がらないことが、研究者から指摘されています。

そこで教育現場では、子どもたち自身がその行動を振り返り、一人ひとりが自分にあった行動目標を立てるというように、子ども中心の健康教育（学習者中心のサポート型）に変化してきました。

朝食がいつも菓子パンだとなぜ問題なのかを子どもたち自身が知り、そして、より望ましい朝食に近づくためには、どのようにすればよいのか。なにならでき、なにならできないのか。子どもたちが自分自身で考え、行動に移すために、情報の提供と支援を行うのが専門家の役割だといえます。

また、子どもは自分自身のよりどころとなる家庭環境を土台に、その価値観を育んでいます。そのような子どもたちの、望ましいライフスタイルを形成していく姿勢を育むのが専門家の使命でもあります。

養護教諭ならではの健康教育

近代の教育は、「いかに教えるか」という指導技術が中心のシステムでした。現在は「いかに学ぶことができるか」という、学習者側の視点へと大きな転換が求められているわけですが、まだまだ多くのノウハウが培われているとはいえません。

そこで、日頃、保健室などで養護教諭が捉えた「子どもの健康生活·行動、健康実態、健康課題」の視点が、大変重要となってくるのです。さらに保健指導に加え、保健学習の担い手として養護教諭に期待と注目が集まるわけです。

保護者の視点と子どもの視点、教師の視点に加え、医療などの視点に至るまで、養護教諭は幅広い視野を捉えて活動していますが、それに加えて、健康のベースとなる子どもの生活実態をよく知っているからこそ、学習者中心の健康教育が展開できるのだと思います。

ちょっと頑張ればできること

「学習者中心のサポート型」健康教育を踏まえつつ、「ちょっと頑張ればできること」を、子どもたち自身が気づき、行動変容できるように、健康の専門家として支援する、つまり、たとえ集団を対象とした保健学習であっても、一人ひとりの子どもの実態を捉えた健康教育こそが、養護教諭の行う健康教育の大きな特徴のひとつといえましょう。

養護教諭は、保健室での日々の実践の中で、子どもの健康や生活の実態を捉えているからこそ、“どのような子どもが、どうして朝食を食べられないのか？”など、背景を踏まえた上で、子どもが自分で考える際のヒントを提供し、やる気を引き出させることが可能なのだと思います。

保健の授業に関していえば、保健学習はその内容が学習指導要領で決められていますので、その枠組みの中で養護教諭が行うからには、一人ひとりの子どもたちが、健康問題や課題を自分自身の課題として捉えられるような、学習目標、内容、方法を工夫しなければいけません。

養護教諭が保健学習を行うデメリット（養護教諭の疲弊、保健室不在、緊急時の事故など）が言われる中で、教育職員としての養護教諭が保健学習を行うと、どんな良い点があるのか？なぜ養護教諭でなければならないのか？

そのあたりを意識化し、明確にしていく必要があると思います。

教育職員の証し

あるシンポジウムで、「保健の授業を行うこと」が教育職員である証しだと、主張し続けた養護教諭がおられました。多くの教諭は授業を担当しているので、授業をするのが先生、それが教育職員だという論理は、確かにわかりやすいでしょう。

では、養護教諭はどうでしょうか？

現状では、兼職発令を受けることによって、養護教諭が保健学習をできるようになったということであって、養護教諭の職務として、保健学習が位置づけられたわけではありません。もちろん、実際に養護教諭が保健の授業を行うことで、子どもたちのメリットが大きいのは事実です。

しかし、養護教諭が保健の授業を行うことだけが、教育職員としての証しだというなら、看護師であるスクールナースや、韓国の保健教師（スクールナース）が保健の授業を行うことはどう考えればいいのでしょうか。

護《まも》る健康支援活動と育てる（うって出る）健康教育活動

養護教諭が、保健の授業を行う意味や意義は大きいとは思う

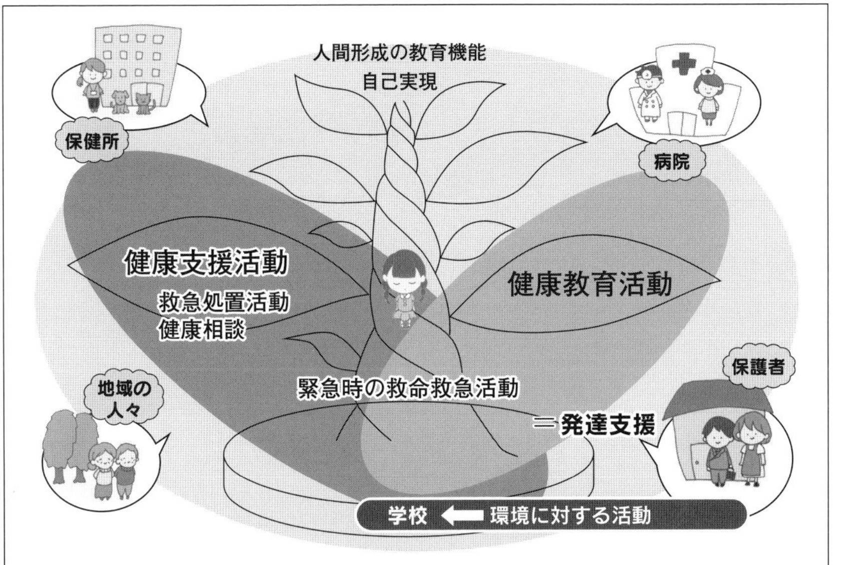

養護教諭の実践活動の概念 ―ケアの視点から

「『養護教諭の養護』の概念―ケアの視点から」岡田加奈子『日本保健医療行動科学会年報』Vol.17、2002を改変

イラスト　牧内冴耶

のですが、私は、養護教諭が教育職員であるという意味は、ほかにあると考えます。

子どもを対象として考えた場合、養護教諭の実践活動は、上図に示すように、学校という場を中心に、子どもの人間形成を大きな目的として踏まえながら、根幹には、命に関わるような重大な事故やけがが生じたときまたは生じる前に、それを最小限にするような「緊急時の救命救急活動」があると考えられます。

いくら、健康教育が得意だとか、健康相談を十分やっているといっても、いざ、救命に関わるような救急処置のときに失敗すると、誰も信頼してくれないということからも、養護教諭を中心とした救命救急活動が、非常に重要であるということは異論がないところでしょう。

それを踏まえた上で大きく分けるなら、**救急処置活動**や**健康相談**のような**「ちょっと健康のレベルが下がったときや人」**を対象に行う**「護《まも》る健康支援活動」**と、保健学習に代表される、子どもの健康の根っこを**「育てる（うって出る）健康教育活動」**があると思います。

エキスパート「ながら教育」族

藤田和也氏は、養護という仕事の特質が「守ることと育てることを綯《な》い合わせる」ところにあるといわれています。そして、「子どものからだや健康を、直接的にケアする営みと、子どもの認識や行動に働きかける営み（育てる）が、有機的に組み合わされながら進められるのが、養護教諭の実践に共通した特徴である」[※14]としています。

例えば、けがをした子どもが保健室にやってきた場合、その処置（健康支援活動）をしながら、それとともに子ども自身が原因などに気づいたり自覚できたりするように、「どうしてこうなっちゃったんだろうね？」と聞き、そして「こうならないためには、どうすればいいと思う？」と、どうしたら防げるかを話題にして働きかけます。

そして「今度こうなったらどうすればいい？」と、けがの手

※14『養護教諭が担う「教育」とは何か』藤田和也　農山漁村文化協会　2008

当の仕方や、さらには、身体の構造や機能についての知識を身につけられるような**“健康教育活動”を、養護教諭は救急処置活動をしながら**同時に行っています。これらの過程は、けがによる子どもの不安や動揺を和らげ、安心につながるケアに通じると考えられます。

こういった意味で、養護教諭は**「エキスパート『ながら教育』族」**だと思うのです。つまり、日々の実践の中で、救急処置活動の中にあっても、教育的な働きかけを行っているということが、「養護教諭が教育職員であるという証し」なのではないでしょうか。

保健管理に位置づけられる健康診断ひとつをとっても、健康についての事前学習をしたり、健康診断を通じて子ども自らが、自分自身の健康について考える機会が組み込まれていて、校医が子ども一人ひとりに添った指導を行ったりするなどの、子ども自身が健康診断を通じて学ぶしかけを、養護教諭がプロデュースできたら、それこそが、教育職員の証しだといえましょう（『教育としての健康診断』日本教育保健研究会、健康診断プロジェクト編　大修館書店　2003 に詳しい）。

反対に、救急処置活動や健康相談のような健康支援活動で感じた健康課題を引き取って、それを取り込みながら健康教育を行う。そこに、保健の授業や健康教育を、養護教諭が行う意味があるのではないでしょうか。

2 章

養護教諭
セレブ・ライフ

1. 見抜く力と伝える力 ～感性を育む～

・事例を読んで議論するケースメソッド教育
・伝える力の磨き方とは？
・感性を育むために

傷をなめ合う養護教諭？

養護教諭の実践発表会では、実践発表の後、「素晴らしいわね。頑張っているよね、私たちって（パチパチパチ、拍手……）」と、お互いの発表に敬意を払い、賞賛し合う雰囲気のもと閉幕することが一般的です。反対に「でも、学校ではほかの教職員にわかってもらえないんだよねえ……」といった、ため息まじりのつぶやきもちらほら聞こえてきます。

「執務の大変さやつらさは、ほかの教職員にはわかってもらえないけど、養護教諭同士はお互いわかり合える」。こんな光景をもじって“傷をなめ合う養護教諭”とおっしゃった養護教諭がおられました。

確かに、養護教諭も同じ教員とはいえ、ほかの教諭とは全く異なる役割を持っています。それゆえ、教諭同士とは異なり、なかなか理解してもらいにくい点があることは否めません。

もちろん、ほかの教職員から十分に理解され、信頼も勝ち得ている先生がたくさんおられることは、私も存じ上げているつもりですが、そこに至るまでには、かなりの努力と忍耐力を要したのではないでしょうか……。

意思決定、問題解決力……伝える力を鍛えるケースメソッド教育

数年前に、養護教諭が５名、教諭が５名という 10 名の先生方を対象とした 10 年目研修を担当しました。そのときには、養護教諭が書いた保健室登校を題材とした事例を用いて、ケースメソッド教育を行いました。

ケースメソッド教育とは、事例を読んで「ある問題」が起こったとき、もしもその当事者であるならば「どのように行動するか？」といったことを議論（ディスカッション）する、参加型・問題解決型の学習方法です。この学習の目的は、意思決定や問題解決の実戦力を鍛えることにあります。

教諭の先生方からは、事例を読んで、個々に分析するやいなや「この事例の学校は、○○という点で問題がある。だから、△△する必要がある」といった意見が、次から次へと出るのです。

しかし、いつまでたっても、養護教諭は誰一人として発言しません。教諭からは「養護教諭が生徒を甘やかしているから、保健室登校になってしまうのだ」といった意見まで出る始末です。しかし、それでも5名の養護教諭は、沈黙を守ったままでした。私は愕然《がくぜん》としてしまいました。

終わってから教諭の先生方に感想をうかがうと、「普段は、学校内の人間関係に気を遣って、思ったことをこれほどストレートに発言はできないけれど、今日は模擬的な学校の会議だと思って、考えたことを発言し合い、批判し合って気持ち良かっ

た。自分と違った意見が出ても、そういう見方もあるのか、そういう考え方もできるな、と思った」とおっしゃいました。

最後までほとんど寡黙であり続けた養護教諭に聞いてみると、「私たちは、こういったやり方に慣れていないのです。日々の職務の中で、議論するという機会はほとんどないので……」もちろん養護教諭の中にも、多少は発言した方もいました。しかし、その発言は**「私は、○○したほうがよいと思うのです」**というふうに、自分の感じたことを発言するのにとどまっていました。

教諭が**「この事例の学校は、○○という点に問題がある。だから、△△する必要がある」**というように、**問題の根拠を示しながら自分の意見を述べる**のに比べ（私のような養護教諭関係者は、理解できるのですが）、養護教諭の意見をほかの方が聞くと、一見インパクトや説得力に欠けたのです。

さらに、ほとんど発言しなかったある養護教諭は「養護教諭は意見を主張するより、一歩下がっていた方が、学校内ではうまくいくので……」「違うって言われたらどうしようかと思って、自分の意見が言えなかった」と言うのです。もちろん、養護教諭の中には積極的に発言される方も多くおられます。ただ、全体で見ると、このときの養護教諭のような発言スタイルの方も結構いらっしゃることも否定できません。

伝える力の磨き方

子どもたちが保健室にいるときには、教室では見せない、隠れた素顔をのぞかせます。

これは、養護教諭にしか捉えられない、子どもたちの実態や見方があるということを物語っています。それゆえ、養護教諭なりの理由（根拠）を持って、子どもたちの実態や素顔を、ほかの職員に伝えることが必要なのではないでしょうか。

特に、養護教諭は“連携のコーディネーター”と称されるように「人になにかをしてほしい」「動いてほしい」という願いを持って、情報を伝えることも多いはずです。ですから、人が動こうという気持ちになるように、訴えたいポイントをしっかり伝えることが大切です。

ケースメソッド教育のときに出会う養護教諭の中には、自分の思ったことだけを伝えて、その理由（根拠）を伝えないタイプと、思ったことを次々と伝えるタイプの、二通りの方がおられます。

そんなタイプの方に向けて、私は次のようにお願いしています。

□ なぜそう思うのか（誰からも把握できる客観的な事実などの）、理由（根拠）を明確にしながら、自分の考えを伝える。
□ 伝える際には、なにを伝えたいのかを整理（紙に書くなど）してから伝える。

伝える力は、日常の中で練習できることなので、普段から肩肘張らずに心がけようと、自らも格闘しています。

見抜く力～体感する力（感性）と、実態を通じて実感する力～

実は「伝える力」というと、プレゼンテーション能力などの方法論を思い浮かべがちなのですが、その前提として非常に重要なのは、大切なことを **“見抜く力　～体感する力（感性）と、実態を通じて実感する力～”** なのです。

上記のケースメソッド教育で、教諭は「この事例の学校は、○○という点で問題がある。だから、△△する必要がある」

と述べていました。しかし、これが的を外れていたら、次の具体的な行動や対応や対策は、見当外れなものとなるでしょう。

体感する力〜感性〜

「見抜く力の礎は、体感する力であり、それを支えているのが"感性"です」※15 これは、森昭三氏が、養護教諭に一番問われている能力だと指摘されています。

また、養護教諭当時の工藤宣子氏（現・千葉大学准教授）は、「とびっきりの子どもの笑顔に会うために、自分の感性に触れた"なぜだろう"を探ること」を、毎日の実践の中で大切にしてきたとおっしゃっています。「『おはよう』と言ってすれ違った、あの子の雰囲気が寂しげなのはなぜだろう。あの子が最近、具合が悪いと言って来室するようになったのはなぜだろう……」「学校生活をともにし、生徒に寄り添う養護教諭だからこそ気づく"なぜだろう"。そして、それを解き明かそうとする姿勢と努力」※16 が、重要であると説かれています。

あの子が寂しげだったのは、こういうわけだったんだ。最近、具合が悪いと言って来室するようになったのは、こういうことだったんだ。"なぜだろう"という体感を、実態の中で探り、実感とする。そして、子どもたちのメッセージに気づき、解決に向けて努力する……。

そんな、養護教諭の姿が浮かんできます。

※15 「特集　第39回日本学校保健研修会講演　感性をとぎすまして、子どもの声をきく健康問題解決のためにコーディネートする養護教諭▼指導・助言　私が実践から学んだこと、考えたこと」森昭三『健康な子ども』2007年12月号、p.15-16、2007

※16 「今年の抱負は「なぜだろう」の探求」工藤宣子『健』2008年新年号（Vol.36-10）、p.9、2008

感性を育む

「感性を育むために大切なことは、感動する機会を増やすこと」と言った人がいました。養護教諭としては、子どもたちと（学校）生活をともにすること、そして、子どもたちをよく見ること、さらに「子どもたちの声」に耳を傾けることでしょうか。

工藤氏も「養護教諭は、学校生活をともにすることによって、普段の子どもたちの姿を見ることができます。そのような日常があるからこそ、何気ない瞬間に見せた子どもの変化に、いち早く気づくことができます」と語り、「学校生活をともにする中から、一見バラバラに見える事象を見えない糸でつなぎ合わせ、子どもが言葉や身体で表現するメッセージに気づく」と、続けています。

“感性を育む”ためにすべきことは、「自分の心」に問いかけ、そして「他人の声」に耳を傾けることでしょうか。そうすることで、感動の振幅が少しずつ広がっていくとともに、子どもたちからの、さらに多くの無言のメッセージを感じることができるのだと思います。

“感性を育む”とは「周囲の出来事を受け取る引き出しを増やすこと」でもあります。そして、そのために他者の見方を知ることも有効です。

参考文献：
『教師のためのケースメソッド教育』岡田加奈子、竹鼻ゆかり　少年写真新聞社　2011

2. 養護教諭の品格
～子どもの良いところに着目する養護診断～

・養護教諭の品格
・「あなたが○○した」ではなく「養護教諭が○○した」
・子どもの良いところに着目する養護教諭

日頃からにじみ出る品格

「ここって、通り抜けできます？」

ある日私は狭い路地を運転中、工事中で通行止の誘導をしている方に、声をかけました。ひと言ふた言、言葉を交わした後に、車を発進させたとたん、後部座席の当時小学生の双子の子どもたちから、厳しい一言。「ここは通り抜け“できますか？”か“できますでしょうか？”でしょ。あの人とお友だちじゃないんだから。相手の人に失礼だよ」と……。

品格は、まさに日常の端々に、いや応なくにじみ出てしまいます。

養護教諭の品格

「女性の社会進出はめざましい。でもまだ、家事や子育て、介護など、女性の負担は大きく、目に見えない男女差別もある。女性にとって思うようにならないことはいっぱいある」※17

新聞に書かれた上の文章を読んだとき、思わず目をこすりました。この文章の「女性」というところを「養護教諭」に変えても、そのまま読めるではありませんか。**「養護教諭は社会に認められてきた。しかし、目に見えない差別や、思うようにならないことはいっぱいある……」**

文章は続きます。

「それでもめげずに、生き方を考え、キャリアを積める人」になってほしいと。そして、**身につける大切なこと**は**「健康」「体力」「自立できる専門知識や技術である」**と書かれています。これって、まさに養護教諭に必要なことではないでしょうか。

さらに、必要なこととして「**人間力**または**品格**といってもいい。**マナーを守り、他人への配慮ができ、周りから信頼され、簡単にあきらめないような力。こういうパワフルな女性を目指そう**」と述べられています。

これらの言葉は、一世を風靡《ふうび》した『女性の品格』（PHP 研究所）の著者、板東眞理子氏のお言葉です。

※17　「学長力」『朝日新聞』2008.5.12朝刊

我が道を行く

「専門知識や技術」もあり、さらに「周りへの配慮にたけ、周りから信頼され、逆境にもめげずパワフル」。こういう養護教諭って、結構おられますよね。

ただ、「マナー」という面では、ちょっと頭の痛い経験が思い浮かんだり、耳の痛いことも聞こえてきたりします。

というのも、先日、私はある研究会で司会をいたしました。そのときのことです。

発表されていた養護教諭の先生は、規定である15分の持ち時間を過ぎても、終わる様子が見えませんでした。思いあまって数分後、「申し訳ありませんが、時間が過ぎているので、終わる方向でまとめてくださいませんか」とお願いしました。

その先生は「あ、すみません」と言われましたが、その後も話はとどまることなく、私の再々度のお願い（制止）にもかかわらず、結局、29分間話されてやっと終わりました。発表内容についても、全く準備してきていなかったようで、先生が伝えたかったことも理解できませんでした。

近くに座っていた養護教諭からは「私たち養護教諭は、しゃべる場がないから、しゃべりたいんですよ」という、同情（？）するかのような言葉が漏れていました。

確かに、日々の仕事が忙しく、準備が十分できなかったのはわかりますが、15 分の発表が 29 分に延びるという理由にはなりません。ほかの発表者も忙しいのは同じなのですから……。

また、国際学会でも、ほかの領域の参加者から指摘を受けることがあります。ほとんどは素晴らしい発表なのですが、養護教諭の行う発表の中にひとつだけ、学会が指定しているルールから逸脱しており、発表内容の英語に間違っているものがありました。

それを指摘されたとき、その養護教諭は“まずい、今度から頑張ろう”という感じではありませんでした。反対に“こんなに頑張って良い実践を発表しているのに、そんなことを指摘するなんて、とんでもない”といった態度でした。それは、高級フランス料理店にサンダル履きで入ることを拒否され、逆ギレしている人のようにも見えました。これでは、たったひとつの稚拙な発表が、養護教諭の領域の全体の品格（？）レベルに疑いの目を向けられることにもなりかねません。

さらにこんなことも漏れ聞こえてきます。

学会発表のための発表抄録（要旨：発表を文章で短くまとめたもの）は、事前に事務局への提出が求められます。でも、養護教諭からは「あっ、あれなら遅れても大丈夫よ。10日ぐらいなら……」といった会話が、至るところで交わされているようなのです。

しかし、学会の事務局では「いつも遅れるのは養護教諭ばかり」と、遅刻常習犯のレッテルが貼られているのをご存じでしょうか？

私は、追い打ちをかけるような話を小耳にはさみました。

ある本の編集をしていた先生が、「5ページの制限の原稿に15ページも書いてきて、その上“絶対短くしてもらったら困る”と言い張るんだよね。こういうこと言っちゃ悪いんだけど、いつも養護教諭なんだ」と言うのです。

もちろん全員ではないけれど、先生方の周りにもそういう人っていませんか？

養護教諭だけに限らないかもしれませんが、養護教諭一人がなにかをすると、１校で一人しかいない場合が多いので、「あなたが○○した」ではなく「養護教諭が○○した」というレッテルが貼られてしまうのです。

板東氏の著書『女性の品格』でも、品格ある人とは、なにより人から信頼され、きちんとした行動を少しずつ積み重ねていかなければならないと書かれています。「約束をきちんと守る」。つまり“約束した期限に仕上げる”“約束した分量は守る”などが大切なのです。

……締め切りに追い抜かされた書類の前で、私にも耳が痛い話です。

人の良いところを見つけて育てる ～褒める教育職～

「品格」ある人間関係のひとつに、「心を込めて褒める」ということが挙げられています。無心に相手の行動などをいいなと思い、それを表現することであると、板東氏は説明されています。

私の親しい知人で、親しいがゆえ、私の欠点を結構指摘する人がいます。

その人いわく「私は医者だから、人の悪いところを見つけて治療する。だから、つい悪いところを見つけて指摘したくなってしまうのかも……。あなたは教育者だから人の良いところを育てるのが仕事。だから、人の良いところを見つけて、褒めるんでしょ」と。

それを聞いていた外科医師が「そうなると、悪いところを見つけて、治療もせずに切り捨ててしまう外科医は最悪だな……」と言われました。

さらに、そこに居合わせた看護師も「看護師ばかりが集まって議論すると、ギスギスすることが多いんです。なるほど、言われてみれば看護師も、主に病気の人の“問題”を見つけるのが仕事なので、つい人の問題に目がいってしまうのかも……」とおっしゃってました。

こんなふうに、職業だけをひとくくりにして物の見方を説明するのは、そもそも無理があるとは思いますが、ちょっとだけ納得できる部分もあります。

養護診断

養護教諭が、子どもたちのどんなところに注目して見ているか、子どものどのようなところに対応しているか“養護診断”という研究でそれを明らかにしようとしています。

女子栄養大学教授の遠藤伸子氏が中心となっている、日本養護診断開発研究会（http://www.yogo.pro/?page_id=13）では、様々な**「子どもの実在または潜在する健康課題に対する反応や現象」**に対して**「養護教諭の判断」**を明確にする**「養護診断」**を開発しています。それを簡潔に表しているのが「養護診断名」です。

例えば、身体的健康に関しては、「気胸の疑い」「喘息《ぜんそく》発作の疑い」など、疾病をいち早く疑い、緊急対応を行う養護診断名もあります。

一方、学校でよくみられ、学校という場特有の、養護教諭が把握・対応する以下のような診断名があります。

養護診断名	排便我慢
定義	排便を我慢することにより、学校生活に支障をきたした状態、またはその可能性がある状態

養護診断名	場面発熱の可能性
定義	過度のストレスがかかったとき、それに対応することができずに、ある場面において発熱を起こしてしまう状態

ある先生の授業の直前になると急に高熱を出し、帰宅すると平熱に戻るという子どもがいました。すぐに気がついてこれを問題として取り上げ、対応を行ったということがありましたが、これを養護診断名で言うと「場面発熱の可能性」です。

身体的健康以外にも、心理・精神的健康や社会的健康にも関わる診断名もあります。例えば、

養護診断名	先輩後輩関係の葛藤
定義	先輩後輩との良い関係を築くことができず、学校生活や健康に影響が出ている状態

養護診断名	保健室登校の可能性
定義	保健室登校にはなっていないが、今後保健室登校に至る可能性のある状態

などです。

養護診断の特徴のひとつ……子どもの良いところを見つけて、さらに伸ばす

養護教諭は、子どもたちのどのようなところに注目して見ているのでしょうか。“養護診断”という研究の中で、養護教諭の特質として特に強調したいのが“良いところに注目する”点です。

養護教諭は、子どもが自ら管理できていない部分、例えば、寝る時間が遅いとか、食生活が乱れているとかいったところに注目して、その子どもに保健指導を行うことがあります。

しかし、それだけではなく、子ども自身に救急処置ができる潜在的な力があること（例えば、けがで保健室に来た子どもが、救急処置に関する知識を持っている）など、子どもたちの潜在的な能力をもっと伸ばすために、その子の良い点に注目しながら、さらにその部分を伸ばそうとして、救急処置などについての保健指導を行うことがあります。

つまり、悪いところだけではなく、良いところに着目して、保健指導を行っているのです。良いところに注目して、さらに伸ばしていく……。これが、養護教諭が教育者であるゆえんかもしれません。

養護診断開発研究会の中にも、

養護診断名	健康状態の適切な認識
定義	自分の体調が良いのか良くないのかを自覚でき、発達発育段階相応の正しい評価ができる

養護診断名	適切な健康行動
定義	健康を維持し、さらに増進するための行動がとれている状態

という、良いところに注目している養護診断名があります。

また、ほかの人の良いところを見つけられる人は、自分の良いところを見つけることも上手だと、私は思います。

先生の良いところはどんなところですか？

【養護診断の定義】

養護診断とは、「子どもの実在または潜在する健康課題に対する反応や現象についての養護教諭の判断である。養護診断は、養護教諭に責務のある目標を達成するための実践の根拠を提供する。」

【定義に関する解説】

①実在または潜在する

養護診断には、既に起こっている問題や課題と、これから表面化すると思われる問題や課題が含まれます。また、それは解決すべき問題や課題というだけでなく、さらに良い状態（ウエルネス）に発展・成長できる可能性のある課題についても含まれます。

②養護教諭に責務のある実践

養護教諭は、児童生徒の心身の健康問題に加え、人格の成長や発育発達に関わる問題や課題について判断し対応しています。これは、養護診断で扱う範囲になります。さらに、養護教諭の判断の中には、医学診断に準じて判断が求められるものも少なくありません。例えば、救急車を要請したり、病院受診の必要性を判断したり、養護教諭にとって避けて通れない判断の１つです。養護診断の体系はあくまで養護教諭独自の知識体系で作られるものですが、日常的に判断に迫られる疾病や外傷の判断については、共同問題（医学診断との）として扱うべきであると考えています。ただし、その場合も学校という場や養護教諭としての職務や機能の範囲の中でということで限定されます。養護教諭は１人制が多く、新人であってもベテランであっても適切な判断が求められます。典型的な症状が出そろわない初期の段階や、検査機器等のない状況での判断は難しいといわざるを得ません。つまり「～の疑い」という判断の際に使える指標を医学のエビデンスだけでなく、養護教諭の経験を加えて整理することも重要な仕事であり、養護教諭の判断に資することと考えています。

日本養護診断開発研究会「養護診断の定義」(http://www.yogo.pro/?page_id=42) より引用

3. ライフ・ワーク・バランス

・ワーキング・プア
・生活と仕事の両立「ライフ・ワーク・バランス」
・なにがしたいか、なにができるか、なにが求められているか

差別はいまだに存在する！

アメリカのオバマ大統領は、就任当時こう叫びました。
「黒人差別は、いまだに存在する！」
それなら私も叫びたい。
「男女差別は、いまだに存在する!!」と。

「男女雇用機会均等法」が成立したのは、私が大学を卒業した直後の 1985 年でした。同じ仕事でも女性というだけで賃金が安いなど、仕事を得ることも、仕事を続けることにも差別があった時代からの脱却ともいえる瞬間でした。

その後、1997 年に「女性に対する差別的取り扱いが禁止さ

れる」などの改正がなされ、さらに2006年にも改正されています。

今でこそ一般的になってきた男女平等の意識……。しかし本法が成立する以前、働く女性の先輩方が、どのような困難に出合ったのか、そして、打ちのめされながらも、苦境を乗り越え、どんなふうに歴史を変えてきたのか、まだまだ若輩ものの私には想像を絶する部分があります。

そのような女性の暗黒時代から比べると、現在が格段に良い時代になっていることは、確かです。でも……。

おかだのひとり言

ここからは、しばらく、個人的なグチにおつきあいください。

我が家のパートナーは、以前は、私が長期不在のときに初めてお米の炊き方と電子レンジの使い方を知ったというほどの超旧人類で、現在では家事を行う男性も多いのですが、当時はまだまだ妻が家事の大半をしているという方も多い時代でした。

大変身を遂げたのは、思えば、我が家の双子が生まれた直後に２か月弱入院していたＮＩＣＵ（新生児集中治療室）でのこと。その病院では、ＮＩＣＵでも、子どもの状態が良ければ、保育器から出て両親が沐浴《もくよく》させます。ほかの若いパパが沐浴させている横で、すでに40代の夫は自分とは無縁のことにびっくりしたのか、拒否し続ける我が家のパートナー……。

しかし、双子の二人目の沐浴を行う看護師さんが、横にいる夫に向かって「あっ、お父さん。お子さんのここをちょっと支えてくださいますか？　お母さんが、一人目のお子さんを沐浴させたのを見ていましたよね……。あっ、ちょっと、ここをこうやって洗ってくださいますか。じゃあ、タオル取ってきますからね～」などという巧みな保健指導（？）のもと、最終的には、夫自らが沐浴をさせるはめに……。戻ってきた看護師さんは「あ～ら、お父さん。できたじゃないですか」と一言。

そして、次の面会時には「お父さん、この間はできましたよね！」の看護師さんの一言で、結局沐浴は父親がさせることになりました。対象者の行動変容を促す専門家としての看護師さんの「腕・力」を見せつけられました。その後、彼がなんでもこなせる「グッド・ファーザー」に変身したのは、この保健指導がきっかけだったともいえます。

パートナーは仕事も超多忙なゆえ、周りからは「本当に、よくやっている。偉い」と褒められまくっていますが……、ここで私は、叫びたい！　「それでも、家事全体からすれば○割程度」「彼は同

情され、褒められる」しかし、私は非難されることはあっても、褒められることはないという真実！　私は褒められたいわけではありませんが、非難されることには日々憤慨しているのです……。

多くの女性は、仕事と家庭の両立が大変なだけではなく、社会の歴史的な差別意識や偏見、そして家庭内での扱われ方という、二重の苦痛を強いられているのではないでしょうか。そんな中で、ほとんどの養護教諭は女性で職業を持っています。それだけでも尊敬！（男性の養護教諭は少数派なので、逆の偏見を受けていると思いますが、今回はその話題ではないので……、

申し訳ありません）

確かに、以前と比べると、家事や育児をする男性はかなり増えてきました。しかし“ほとんど平等に行っている”という方は、宝くじに当たったと言えるほどの少数派かもしれません（こんなことを書いて、「これこそ逆差別だ！」と叱られるかもしれません……）。

ワーキング・プア

しかし、女性が「意識と理解」の上で、より大変ではないかという気持ちが多少ある一方で、仕事（特に教師という仕事）は、男女問わず大変であることは事実でしょう。

外国に行くと、５時過ぎに帰ってしまう人が多いと感じる一方で、日本では、まだまだ時間外労働が根強く存在します。

また、労働時間の問題だけではなく、一世帯あたりの平均所得は実際にどんどん減り、生活が厳しいと感じている人は増え続けています。失業者が増え、国民健康保険（国保）の保険料を保護者が滞納して、保険証を返還させられ、公的医療保険を使えない中学生以下の子どもが、何万人もいたという調査もありました。

日本の相対的貧困率（国民の標準所得の半分を下回る所得しかない人、つまり 225 万円より所得の少ない世帯）は 15.7%（2007 年）でこれは、ＯＥＣＤ加盟 30 か国中、メキシコ、トルコ、アメリカに次いで世界第4位だそうです。また、子どもの相対的貧困率（上記世帯に属する17歳以下の子ども）は14.2%（2007年）です。

お金の問題だけではありません。仕事が原因での精神疾患や自殺が増え続けています。働いてももうからず、過重労働でかつ病気になってしまう……こんなワーキング・プアが浮き上がっています。

ライフ・ワーク・バランス

それゆえ「生活と仕事の両立」を掲げたワーク・ライフ・バランス（Work　Life　Balance）がどこでも大はやりです。ＷＬＢというらしいのですが、本当は、ワークが先ではなく、やはりライフが先の、ライフ・ワーク・バランスでしょう。

私は大学で、教育学部養護教諭養成課程の勤務に加え、千葉大学の両立支援室、つまり、生活と仕事の両立（ワーク・ライフ・バランス）を目指すための仕事も兼務していました（これは、先生方が養護教諭でありながら、保健主事をされているような感じでしょうか）。

そこで、ワーク・ライフ・バランスを実現するためのタイムマネジメント講習を受けました。心に残ったのは「一日の仕事の計画のうち、その半分は、突然に入る仕事のために、フリーの時間を設ける」ということです。養護教諭の先生は突発的な対応も多いので、フリーの時間をもっと多く、さらに、一日ではなく１週間でつじつまが合うようにしておくほうがよいのかなと思いました。

しかし、毎日毎日、突発的なことで、全ての勤務時間が埋まってしまうという養護教諭の先生も多いのではないでしょうか。そのような方は「15 分単位で自分の時間を見つけられないか」と考えておくことが必要なようです。

それでもオーバーワークで、どうしようもなくなったときには、千葉大学で行った有賀早苗氏のワーク・ライフ・バランスの講演で聞いたこの言葉が浮かんできます。

「なにがしたいか、なにができるか、なにが求められているか、自分の大切にしたいこと、譲れないことを大切にしたい人（家族など）との関わり方も含めて、前向きに覚悟をする」（一部改変）

私の周りにいる養護教諭の方々は、本当に、本当に頑張っています（頑張る人しか、私の周囲に近寄らないということもあるらしいのですが……）。ただ、「頑張りすぎ」という懸念もあります。頑張りすぎることのないよう、ライフ・ワーク・バランスで、まあほどほどに頑張りましょう……ね、お互い。

本人の意識改革と周囲の理解

千葉大学で学会やイベントを開催するときは、必ず保育室を設けます。九州から０歳児のお子様をつれて来られた方をはじめ、毎回多くの未就学のお子様たちにご利用いただいています。参加者は「保育室があったから参加できた」と、口々に話されていました。かつてのように、子どもが小さい頃は勉強も我慢せざるを得なかった時代から、今では条件さえ整えば、いつでも勉強を続けられる時代へと変わってきたのです。重要なのは「本人の意識」だということを、参加者から教えられました。

今まで、私自身が参加する学会のときには、学会に対して、保育室開設をいつも訴えてきました。しかし、「仕事場に子どもをつれて来るな」など、時代錯誤の批判を浴びせられたのも、

一度や二度ではありません。周囲の意識改革と理解、そして、環境整備もますます大切であると感じています。

しかしあるとき、いろいろな学会にお母様と来られている小学生の男の子が、つまらなそうにしているのを見かけました。そこで、千葉大学で開催する学会で、学会に参加する先生方に同伴される小学生のお子様向けに、学会や養護教諭のお仕事を体験できる「学会キッズプログラム」を実施しました。参加した７名のキッズたちは、学会や養護教諭の仕事（水質検査や体を知ろうなど）を体験し、学会にもちょこっと参加しました。アンケートでは「お母さんのしている養護教諭って本当にとてもたくさんの仕事をしているんだ。大変なんだなって思った」という感想を書いていました。

私たちの仕事が、子どもたちに理解してもらえたら、大変だけどちょっと幸せですよね。頑張る養護教諭も大変だけど、頑張って仕事をしている保護者を持った子どもたちや、ご家族もまた大変なのですから……。

3 章

世界の中の養護教諭

1. スクールナースが目指す姿
―養護教諭―

・養護教諭はユニークな存在？
・世界と対話すると……
・養護教諭の英語名称「ヨウゴ・ティーチャー」？

国際スクールナース学会にて

「養護教諭こそ、スクールナースが目指す姿」こんな発言が飛び出したのは、アメリカで行われた国際スクールナース学会の会場でした。

それは、小学校１年生から６年生までを対象とし、地域とつながって、継続して健康教育を行っている日本のある養護教諭を中核とした実践を発表した直後のことです。会場にいたスクールナースたちから、自然と発せられたこんな言葉に、会場にいたほかのスクールナースたちも皆うなずいていました。

世界的視野で見てみると、ひとつの学校に一人のスクールナースがいる国や地域はそれほど多くはありません。一人のナースが何校かを受け持ち、訪問するというところが多いのです。

そのため、日本の養護教諭が、子どもたちのニーズや実態を把握して、寄り添い、発達段階に応じた実践を継続して行っているのは、世界のスクールナースから見ると、とても素晴らしく、うらやましいことなのです。

ほかでも、養護教諭が虐待を発見し、養護教諭が中心となって学校内外と連携して対応した事例が発表された際も、文化的背景が異なるにもかかわらず、多くの国のスクールナースからの質問が飛び交い、発表した養護教諭は、矢継ぎ早の英語に「目を白黒」させて答えていました。

「私の国は内戦が終わったばかりで、虐待を受けている子どもがいるかもしれないということに気づきました。日本の養護教諭の先生がどのように虐待を発見するかというポイントを今日学んだので、母国に帰ったら、参考にしたいと思います」という内戦が起こっていた国から来たスクールナースもいれば、「虐待を受けた子どもに学校内や外の専門機関と連携してサポート

していくことにびっくりした」というスクールナースもいました。

虐待を発見するアセスメントの仕方や、ほかと連携した養護教諭の支援は、他国のスクールナースには大変参考になったと思われます。

「日本はいい。養護教諭が１校に一人いて、毎日子どもたちを見ているから、今子どもたちになにが必要かがわかる。養護教諭こそ、スクールナースが目指す姿である」と。

また、「日本の養護教諭の養成教育プログラムを教えてほしい。それをモデルにしたい」とも言われました。

ユニークな存在？

ある年、カナダで行われたスクールヘルスの国際学会では、私が日本から来たと言っただけで、会長から「日本には養護教諭がいるでしょ。ヘルスサービス（保健管理）と健康教育、それにカウンセラー的な役割も担う、とってもユニークな存在だよね、ぜひ養護教諭の話をしてよ」と言われ、さらに、カナダからの参加者からは「養護教諭のような、健康に関する専門家が学校の中にいるから、日本はいいよね」と言われました。

ユニークという言葉に、違和感を感じられる方がおられるかもしれませんが、英語では**“唯一の、特有の、ほかに類のない素晴らしい”**という意味です。やはり、ほかの国では類をみない、教育職員として健康教育や健康管理、健康相談など、様々なヘルスプロモーション活動をしている専門職は、世界の注目の存在でしょう。

韓国の保健教師

アジアの、養護教諭関連職種でのあるミーティングでは、日本の“保健室登校”が大変話題となりました。韓国ではそのような概念がないということで、非常に興味を持たれ、もし、それが子どもたちにとって重要なことなら、我々も考えていかなければならないとおっしゃる方がいました。

日本の養護教諭にあたる韓国の養護教師は、近年保健教師という名前に変わりましたが、看護師養成教育の中で、成績上位10％の者しか保健教師になるためのコースを受講できない、超エリートなのです。

海外から眺める

「夕方、保健室を出るときに“子どもたちに振り回され、今日一日なにやってたんだろう”って思う日もたくさんあるけど、海外に来て、スクールナースの人と話してみるとそれが子どもたちにとって価値のあることだと気づき、私は必要な存在なんだって、そう思えるんです」

「ヘルスプロモーション・健康教育世界会議（正式には連合）」（ＩＵＨＰＥ）によく参加する養護教諭の先生がこう話されていました。

３年に１度開催されるこの会議は、毎回 10 題程度、日本の養護教諭関係者からの発表があり、熱い議論が交わされます。

もちろん、複数配置や研修制度など、養護教諭を取り巻く課題は多く、それらの課題を養護教諭の先生方の努力によって、なんとか補っている部分が多いのは事実です。しかし、海外に身を置いて日本を見ると「養護教諭がいるだけでも日本の子どもって幸せじゃないのかなあ」と思えてくるのです。

日本の中にいると、自分たちが“慌ただしく、毎日悩みながら行っていること”が素晴らしいと思う方は、多くないかもしれません。また、自分たちは教育職員だからスクールナースとは違う、さらに、それが世界に通じ、世界と共有できるというのは、あまり実感がわかないかもしれません。もちろん、外国のスクールナースとは背景や役割も異なります。

しかし、養護教諭もスクールナースも、子どもたちの健康課

題をなんとかしたいと思っているのは同じなのです。それゆえ、世界と対話することで、共感したり、自分たちの良さや課題がわかってきたりするのです。

養護教諭の英語名称は？

さて、先生方は、養護教諭の英語名ってご存じですか。

スクールナース？　いえいえ、それでは“学校で働く看護師”という意味になってしまいます。スクールナース・ティーチャーだと、看護学校の先生と間違えられてしまいます。ヘルス・エデュケーション・ティーチャーになると、保健を教える先生になってしまいますね。

一方、養護教諭養成課程の大学２年生に「養護教諭の英語名称ってなんだと思う？」と聞いたら、「スクール・マザー」「スクール・ケアリスト」「スクール・ヒーラー（学校癒やし人）」「スクール・リフォーマー（学校回復者？　改革者？）」「スクール・セラピスト」「スチューデント・ライフサポーター」……などなど、養護教諭が学校でどんな存在かということを、イメージした言葉が口々に出されました。若い方は頭が柔軟でいいですね。

日本養護教諭教育学会では、2003年に様々な検討を経て「Yogo Teacher」（ヨウゴ・ティーチャー）に、養護教諭の英語名称を決めました。これを聞くと「えー、うそっ？」と思った方もいるでしょう。

実は、私もこれが決まったときには、うれしい反面とても気が重くなりました。うれしかったのは“決まった”という事実です。

それまでは、様々な言葉を使う人がいて、外国の人から見ると「スクール·ナース·ティーチャー」や「ヘルス·ティーチャー」「ヨウゴ・ティーチャー」など、日本には、様々な人がいるように見えてしまって、養護教諭が捉えにくかったと思います。ですから、ひとつの言葉に統一しなければならないと感じていました。

気が重くなったのは、「ヨウゴ」は英語にはない言葉です。つまり、スシやテンプラがそれだけで英語として十分通じるように、「ヨウゴ・ティーチャー」も英語として通じるようにしなくてはなりません。そのときには、私の知っている限り、ヨウゴ・ティーチャーという言葉を知っているのは、ごく限られた人だけでした。

実際、学会発表の申し込みをすると……、Yoga teacher（ヨガ・ティーチャー：ヨガを教える先生）と見事に間違われていました。残念ながら、英語では、Yogo（養護）より、Yoga（ヨガ）のネームバリューの方が、格段上なようです。

世界に広がる「ヨウゴ・ティーチャー」

ただ、最近では事情が多少変わってきました。あるとき、スクールナース主催の会合での出来事です。会合では、まず世界から集まったスクールナースたちの自己紹介から始まりました。私は、日本から来たことを述べ、当初「ヨウゴ・ティーチャー」という言葉を使いませんでした。スクールナースに近いんだけど、教育職員で……と説明し始めたら、なんとデンマークから来たスクールナースが「知ってる。ヨウゴ・ティーチャーでしょ」と叫ぶではありませんか。

聞くと、前回の国際学会で日本からの発表を聞いたので、ヨウゴ・ティーチャーのことを知っているのだと説明してくれました。「ヨウゴ・ティーチャー」を定着させるには、やはり、この言葉をどんどん使い広めることだと私は痛感しました。

英単語のみを用いて養護教諭を表すと「ヘルス・プロモーション・ティーチャー」が、最も意味が近いと考えられ、スクールナースたちを対象とした調査でも同意見でした。

2. 世界の似職種と養護教諭

・養護教諭の似職種って？
・教育職員としての養護教諭の実践
・学校保健の最も重要な課題は？

養護教諭と似職種の仲間たち

「なんですか～、この似職種って……？」

世界の中で、養護教諭の似職種（同職種？）と言えば、スクールナース〈アメリカなど〉、学校護理師〈台湾〉、保健教師〈韓国〉（保健体育の保健教師ではありません）、校医〈中国〉（これも、日本の学校医とは異なります）などです。

同職種と言っていいのか、似職種と言っていいのか、なかなか難しいところですが、似通った、あるいは同じような職種ということで、ここでは似職種と呼びます。

似職種の交流

千葉県の幕張メッセでの「第１回・アジア太平洋ヘルスプロモーション健康教育国際会議」（2009 年）の中では、アジアの関連職種が集まって、仲間の輪を広げようというネットワーキングが行われました。

「英語なんてとんでもない！」と言う方がほとんどだと思いますが、養護教諭の実践を国際学会で継続的に発表している「ナショナルネットワーク・オブ・ヨウゴ・ティーチャーズ・イン・ジャパン」というグループも、堂々と日本語で発表しました（通訳がいましたので……）。

◇◇

ではここで、少し似職種の概要をお話ししておきましょう。

韓国の保健教師

韓国の場合は、呼び方が似ているのでややこしいのですが、これは保健体育の教師ではなく、養護教諭と似職種であり、以前は**養護教師**という職名でした。より積極的な意味合いを押し出したくて、保健教師という名前にしたそうです。

前述したように、看護師免許を所持し、看護師養成教育の中で、現在では成績の上位 10％しか保健教師になるコースをとれないという、看護師の中でもエリート中のエリートです。

職務は、大きく捉えると、治療的な機能と教育的な機能の二つの柱があり、理想的な保健室には、治療室、健康教育室、そのほかに相談室もあります。

養護教諭との職務の違いは、一般薬を与薬することだと聞きました。

一方、2009年からは、健康教育（保健教育）を、保健教師が毎週必ず行うことになりました。

養護教諭は、自分たちの役割や範囲を広げ、兼職発令によって保健学習を担当するようになりましたが、韓国では、保健学習を自分たちの職務の中に取り込んだといえます。養護教師から、保健教師に名称変更を行ったことからも、日本の養護教諭との違いを明確に感じます。

ただ、保健体育教師が行う保健学習・健康教育が不毛……失礼！　でも“雨ふり保健（ずっと以前は、体育で雨が降ったら保健の授業）”でしたから……養護教諭や韓国の保健教師が担当したほうがずっと良いと考えた、その背景は似ていますね。

台湾の学校護士、学校護理師

護士（護師）は看護師という意味で、単に学校で働く護士（看護師）から、現在では、より専門的な学習をした「学校護理師」に移行しようとしているそうです。

スクールナース

アメリカの学校を訪問したり、国際スクールナース学会での発表を聞いたりする限り、やはり、アメリカのスクールナースは、看護職の色合いが非常に強いと感じました。

例えば“エビデンス・ベースド・プラクティス”（根拠に基づいた実践）などの発表でも、医療的な根拠に基づいた実践が強調されていましたし、訪問した中学や高校では「眼底鏡」や「耳鏡」が壁に備え付けられており、普段から必要に応じて使用しているということでした。

日本とは医療保険制度が異なり、医療保険に入っていない子どももいるため、学校にスクールクリニックがあり、ナースプラクティショナー（医師の監督のもとで患者を診療し、薬の処方などもできる）がいる場合も珍しくありません。

以上のように、韓国、台湾、アメリカの３国では、看護師免許を所有した看護師であることが基本です。また、中国の中学校に多くみられる校医は、医師というわけです。

教育職員！

「やっぱり、教育職員である養護教諭は、看護職のスクールナースとは違う……」

そう感じられた方もいらっしゃるのではないでしょうか？

日本の養護教諭については、「養護は看護、福祉との差別化を明らかにし、教育における同質性を求めて苦悶してきた」[※18]と指摘されています。

養護教諭は、看護とは一線を画する姿勢を持ち続け、それゆえ、看護との交流を避ける傾向、もしくは必要ないという傾向も、多く見え隠れしていました（もちろん、水面下では、看護に同胞性を感じておられる方も結構いらっしゃると思われますが……）。

では、養護教諭は、本当に看護やスクールナースとは一線を画するのでしょうか？

※18「シンポジウムを振り返って（学会報告〔日本養護教諭教育学会第11回学術集会〕：シンポジウム子どもの発達支援と養護教諭の役割―教育としての養護の機能は何か）」中安紀美子ほか『日本養護教諭教育学会誌』7（1）、p.113-115、2004

携帯メールいじめ

国際スクールナース学会では、なんと「オーストラリアとアメリカにおける、携帯メールいじめの比較」という発表がありました。

その発表では、スクールナースは「最もこれらのいじめに気がつきやすく、手を差しのべやすい立場である」ため、携帯メールいじめに対する、スクールナースの支援が必要だという内容でした。

この発表を聞いたとき、私は「う～ん、スクールナースとはいえ、養護教諭の実践に近いものがあるなあ……」と感じたわけです。

また、前述したように以前この学会で、日本のある養護教諭が虐待の事例発表を行ったときには、学校内外の様々な人々と連携しながら、虐待を受けた子どもや、その保護者を継続的に支援する姿に、質問が殺到したこともありました。

さらに、虐待の発見の仕方について、「私の国では虐待という概念はないが、存在していると思う。これからは、養護教諭の視点を参考にしてみたい」といった、スクールナースの意見も出されました。

看護と福祉を内包する養護

教育職員としての養護教諭の実践は、他国のスクールナースたちには、大変参考になると思われます。それゆえ、養護と看護は違うからといって、その間に壁をつくるのではなく、お互いの実践を伝え合い、相互に学び合うことにより、より豊かな実践が広がっていくのだと考えています。

それぞれの独自性や、歩んできた道のりが違いながらも、子どもたちの課題は非常に似通っており、養護教諭もスクールナースも、本当に、皆、子どもたちの未来のことを心から考え、一生懸命頑張っているのですから……。

まさに、養護教諭も、**「教育の場において看護と福祉を内包する、養護の独自性や重要性を明らかにし、専門職としての確たる位置づけを築く**こと」※19ができると、私は考えるのです。

※19「シンポジウムを振り返って（学会報告〔日本養護教諭教育学会第11回学術集会〕：シンポジウム子どもの発達支援と養護教諭の役割—教育としての養護の機能は何か）」中安紀美子ほか『日本養護教諭教育学会誌』7（1）、p.113-115、2004

学校保健で重要なこと

話は変わりますが、前述した「第１回・アジア太平洋ヘルスプロモーション健康教育国際会議」の第１メインシンポジウムは、「ヘルス・プロモーティング・スクール」でした。

第一メインシンポジウムになるということは、ヘルスプロモーションの中でも、学校がかなり注目されていることがわかりますね。

ヘルス・プロモーティング・スクールは、日本では“健康的な学校づくり”とされ、台湾などでは、日本の厚生労働省と文部科学省にあたる省庁が協力し合って、スタンダードやマニュアルを作成しています。詳しくは「スクール・ヘルス・プロモーション PART－１」（p.140 ～ 146）をご覧ください。

一方、日本では現場が主導となり、校長や養護教諭のリーダーシップのもとで、学校やその地域に即した健康的な学校づくりが展開されています。このシンポジウムでは、ＷＨＯの流れや、各国の様々な制度・設備（インフラ）を整えることに、議論が集中していました。

そのような中で、突然手を挙げて発言されたのは、当時養護教諭の富山芙美子先生でした。

「たしかに、インフラを整えることは重要です。しかし、それだけが学校保健の重要な課題なのでしょうか。学校保健は、教育としての活動であり、一人ひとりの子どもの中に、健康や生活を積み上げていく力を育て、自らの力で健康に生きていける主体者をつくることこそが、学校保健の最も重要な課題なのではないでしょうか」

司会をしながら、世界の名だたる学校保健の専門家を前に「さすがは、日本の養護教諭！！」と、鼻が高くなる私なのでした。

4 章

ちょっと嫌われものの実践研究

1. ちょっと嫌われものの実践研究1

・実践研究は、"目の前の子どもたちを通じて、日本の、世界の、未来の子どもたちのことを考える" こと
・評価研究：実践報告＋評価＝実践研究
・概念（理論）の生成：よくわからないことを見える形にはっきりさせる実践研究

ババ抜きのジョーカー

ときどき、卒業生からこんな電話がかかってきます。「先生、今度うちの地区が研究発表の順番に当たってしまったんです……」。

宝くじに当たったときのような声は一度も聞いたことがなく、ほとんどが、大切なのはわかっているけれど「ババ抜きでジョーカーを引いてしまった」という「困り声」です。

その一方で、養護教諭の行う研究発表会は、不思議と花盛りです。つまり、ジョーカーを引いて困り顔の先生方が、全国各地に少なからず存在することになります。

研究というと「実践と離れたもの、実践には役立たないも

の」「中には役立つものもあるけど、できればやりたくない。大変そうだし……」など、どうも研究のイメージは、かなり悪そうです（もちろん、研究は重要で“大切、好きです”とおっしゃる方もいらっしゃいますが……）。

目の前の子どもたちを通じて、未来の子どもたちのことを考える

しかし、ほとんどの養護教諭の方々は“子どもたちのために良い実践を行いたい”と考えているはずです。実は、良い実践のためには、実践研究は欠かせないものなのです。

この**「実践研究」**とは**「目の前の子どもたちを通じて、日本の、世界の、未来の子どもたちのことを考える」**ことだと思います。

イラスト　岡田響子

多くの場合、養護教諭の行う**実践研究**は**「目の前の子どもたちの健康課題、発育・発達課題をなんとかしたい、効果的な支援をしたい」**という、**「思い」や「願い」から始まる**ことが多いと思います。

でも「目の前の子どもたち」から一歩進めて、日本の子どもたち全体のことを考えてみましょう。自分の目の前にいる子どもたちだけでなく、ほかの子どもたちの中にも、全てではなくとも似通った共通の部分があります。どこかの養護教諭が同じようなことで悩んでいるかもしれません。もしくは、実践の失敗や成功から、大切ななにかを得ることがあるかもしれません。

ですから、養護教諭の実践を研究的に分析することで、ほかの先生がその実践を学べます。そして、そのことが、日本の子どもたちにも役立つことになるのです。さらに、国際学会の虐待の事例発表で書かせていただいたように（p.97）、国際学会などで発表すれば、世界のスクールナースにも役立つのです。

養護教諭の行う実践研究の種類

実践研究の中でも、私が最も注目しているのは、

1 評価研究：実践報告＋評価＝実践研究

2 概念（理論）の生成：よくわからない実践を見える形にする研究

3 調査研究：実態を浮き彫りにするアンケート調査、タイムスケジュール法調査など

です。

実践を向上させる ～評価研究～

養護教諭の研究発表会においては、「実践研究」ではなく「実践報告」を行っているところも多いと聞きます（もちろん、素晴らしい実践研究の数々を発表されている県もありますが）。

この、「実践報告」と「実践研究」ですが、その違いはなんなのでしょうか。

森昭三氏は、“保健の授業が未だ知識中心で、生きる知識＝知恵になっていないことを嘆き、本人の知・情・意が全て関わり、全人的な体験としてそれを受け入れるときにはじめて「身についた」知識となること。さらにどのように学ばせると「身につく」かの実証的な検討がなされなければ、いつまでたっても、実りある保健の授業は成立しないであろう”※20、と指摘しています。

どのように学ばせると「身につくのか」。これはまさに、実践研究のひとつである「評価」の研究が重要だという指摘です。

「どのような実践を行った」ら、「子どもたちは、どのように

※20 「巻頭エッセイ　保健の『知』を身につけるために」森昭三『体育科教育』2007年８月号（Vol.23(08)）、p.9、2007

変わった」のか。これを明らかにすることが重要です。**実践報告**が**「どのような実践を行ったか」**であるならば、それに加えて**評価**を行う**実践研究**は**「このような実践を行ったとき、子どもたちはどうなったのか」**を明らかにすることなのです。

つまり**“実践報告＋評価＝実践研究”**という式が成り立ちます。

もちろん授業だけでなく、**一事例**でも“**どのような支援を**行えば、子どもや家族や周囲が、どのように変化したのか”そのプロセス（どういう経過か）と結果（最終的にどうなったのか）を評価することが、次の実践をより良いものにするために重要なのです。

よくわからない実践を見える形にする研究 ～概念（理論）の生成～

「養護教諭の実践の本質が、教育の新たな地平線を開く―保健室頻回来室者―」（p.13 ～ 16）で保健室頻回来室者のお話をしたことを覚えていらっしゃいますか？

頻回来室者にとって、保健室や養護教諭はどのような意味があるのかということを明らかにするために、十数名の保健室頻回来室中学生にインタビューをしました。そして、同じ意味の言葉を集めて名前をつけ、全体の意味を解釈して、概念を生成し、右ページのような概念図がつくられました。

この図が表しているのは、生徒たちにとって、最初はクラス以外の場所“学校内異空間”だった保健室が、友だちに付き添っ

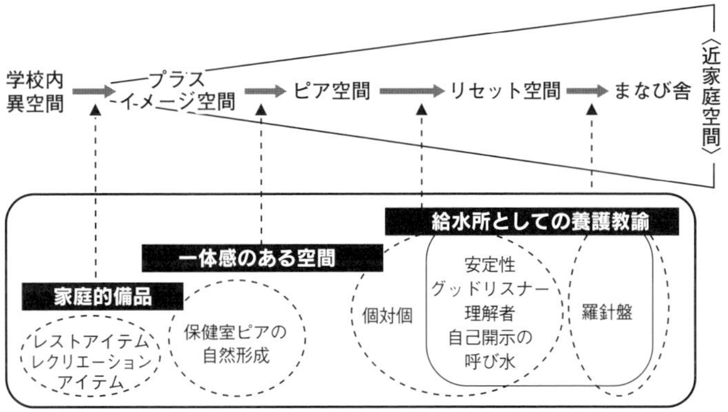

家庭的備品
レストアイテム：植物、ソファー、ベッドなど　リクリエーションアイテム：ぬいぐるみなど

一体感のある空間
保健室ピアの自然形成：様々な学年やクラスの子どもが保健室で自然に仲間になること（しかし、自然にではなく、必要に応じて、何気なく養護教諭が関与していることも多い。）

給水所としての養護教諭
個体個：自分一人をみてくれる　**安定性**：いつも同じように安定した態度で接してくれる
グッドリスナー：よい聞き手　**理解者**：理解してくれる養護教諭
自己開示の呼び水：養護教諭自身が自分の話をしたりして、子どもが話しやすいようにしてくれる
羅針盤：自分の人生の方向性を示してくれる

中学校保健室頻回来室者にとっての保健室の意味深まりプロセス

「中学校保健室頻回来室者にとっての保健室の意味深まりプロセスおよびその影響要因―修正版グラウンデッド・セオリー・アプローチを用いた分析」酒井都仁子ほか『学校保健研究』47（4）、p.321-333、2005を一部改変

て行くなどをすることによって、“プラスイメージ空間”となり、保健室にときどき訪れることから、徐々に同じような目的で来ている保健室の仲間“保健室ピア”をつくるなど“ピア空間”となり、さらに保健室という場が、ホッとしたり、やる気を出したりする場所“リセット空間”となってきます。そして、養護教諭はまさに「マラソンの給水所」―走りながらドリンクを飲むことによって、また、新たに走り続けられる―のような役目［給水所としての養護教諭］をし、さらには、養護教諭の働きかけを通じて、生徒たちが人間として成長していく“まな

び舎”と保健室がなっていくことが浮き彫りになりました。

実践研究の重要な方向のひとつは、「よくわからないことを見える形にはっきりさせること～概念（理論）の生成～」にあります。

頻回来室者に対する養護教諭や保健室の役割は、なんとなく感じることはあっても、はっきりと示すことはできなかった現象ですが、この研究により、多少は理解できる形となりました。

実態を浮き彫りにする調査研究

ほかに、多くの人の実態を広く（浅く）明らかにするためによく用いられるのが、アンケート調査などに代表される調査研究です。これは、多くの人の傾向を明らかにすることや、課題などを明らかにすることに適しています。

以下に、実態に近い形で行動などが調査できる、タイムスケジュール法による調査研究の例を挙げてみました。

調査研究　トイレにも行けない時間割

数年前、ある高等学校の養護教諭グループが、高校生のトイレ行動に関する調査[※21]を行いました。動機は、教室移動のために休み時間がつぶれてしまうことも多いような過密な時間割の中で、授業中にトイレにも行けない学校があり、生徒たちが

※21　「生徒のトイレ行動に影響を及ぼす学校トイレ環境」岡部初子ほか『日本教育保健学会年報』12、p.3-14、2004

トイレに行くことさえ我慢しなければならない状況を、養護教諭は“体感”していた（気づいていた）からです。

まず生徒たちに、

1）トイレに行きたかったときがあるか？

2）あると答えた人は、そのとき実際にトイレに行ったか？

という質問の答えを、タイムスケジュール表に１週間続けて記入してもらいました。

この資料から「ナプキンを一日中取り替えられない」「トイレに行くのを我慢しなければならない」など、生徒たちの我慢の“実態”が浮き彫りにされました。そして、**調査を通じて、**養護教諭は、自分たちの**“体感”を“実感”として深めた**のです。

もちろん、だからといって、すぐに学校の時間割が変わるというわけではないかもしれません。しかし、果たしてそのまま放置してよいものなのでしょうか。

「保健室から学校教育＆社会を変える？」（p.18 ～ 25）でもお話をしましたが「学校の決まりだから……」「こういう管理職だとしかたがないよね……」といったような、現状がどうしようもないからといって“半ばあきらめ発言”で終わってしまっていいのでしょうか（もちろん、どうにもならない困難な状況を、より多く目の当たりにしているからだと思いますが）。

50 年ぶりに学校保健法が改正され、2009 年４月に学校保健安全法と生まれ変わりました。その元となった、中央教育審議会の答申では、養護教諭の職務について、かなり多く言及されました。

日本の場合、法律が変わって、世の中が変わるというより実態の積み重ねにより、法律が実態に合うように変わるということも多いように思います。つまり、一人ひとりの養護教諭の“実感に基づいた”実践が、苦労の末、長い歳月を経て少しずつ社会に認められるようになり、それが学校保健法の改正にも結びついていると思います。未来を見据えて今後さらに、養護教諭の感じた実態と実践の評価を、明確にする必要があるのではないでしょうか。

2. ちょっと嫌われものの実践研究２

・子どもたちの周囲の現象を、実態調査や事例研究で人に伝える
・子どもたちのニーズに沿った多様な支援を

ひとつの事例研究であっても

「医療的ケアの例」（p.19 ～ 21）で、特別支援教育のモデル事業としての実践研究についてお話をしました。

この実践研究では、先生方の熱い思いが最終的には法律の解釈をも変え、教員が特別支援学校で医療的ケアを行うことが認められるようになりました。これにより（保護者の状況に全面的に依存するのではなく）、多くの子どもたちが学校で学べるようになったことは、言うまでもありません。

また、たったひとつの事例研究でも、社会に影響を与える一因になる可能性があります。

ある小学校の養護教諭は、自傷他傷を繰り返したり、保健室

で放尿・マスターベーションを行ったりする男子児童に寄り添って、支援を行ったそうです。

入院施設が見つからなかったために、精神科や児童相談所に通いながら支援を続けましたが、学校内で組織的な対応がなされずに、大変つらい経験だったとおっしゃっていました。

この養護教諭は、事例をまとめて、匿名である研究集会で発表しました。発表することで、今まで無我夢中であるがゆえに、もう少しこうすればよかったかもしれない……など、見えていなかったことが、見えてきた部分もあったそうです。

また、まさかこんな事例はほかにはないと思っていたそうですが、研究集会ではほかの先生方から「参考になった」「似たような子どもを支援した」という意見が寄せられたとのことです。この事例がきっかけとなり、支援員のための予算が確保されたそうです。

実態調査も社会の認識を変える

同じく「保健室から学校教育＆社会を変える？」の中で言及した保健室登校（p.21 ～ 25）は、1990 年代以前にはまだその名前も実態も広くは認知されていませんでした。しかし、その実態を、大阪の高等学校に勤務する養護教諭の方々が調査しました。その結果、それが朝日新聞の天声人語に掲載されたことによって、社会に認知されていったともいえるでしょう。

このように、養護教諭がキャッチしている子どもたちの周囲の現象を、実態調査や事例研究などで、より明確な形（数字やわかりやすい記述）にすれば、人に伝えることができるのです。

子どもに、保護者に、教職員に、そして多くの人々に必要とされ、その専門性を認められるためにも、子どもの課題「なにが問題か」や、養護教諭の実践「なにを行ったら、どうなったか」を、明確な形で他人に示すことが重要だと考えられます。

そうすれば、養護教諭は今まで以上に人に必要とされ、人に理解してもらえる専門職となるでしょう。

養護教諭の専門性を明確にする、実践知から学問を確立する研究

前述しましたが、よく“養護教諭の専門性がなんなのかわからない、曖昧だ”といわれます。しかし一方でそれは、養護教諭のキャパシティーの大きさを意味し、また仕事の多様さを示すものだといえるのではないでしょうか。

学校看護婦時代からの救急処置活動、その後、予防的な活動である健康教育や、心因を念頭においた健康相談などが盛り込まれ、そして近年では、医療的ケアやヘルスプロモーション活動など、次々と新たな役割に対応してきた歴史からも、その多様さは明らかです。

すなわち、子どもを中心として、子たちのニーズに添った多様な支援を続けていくことが、養護教諭に求められています。

子どもたち、そして時代や社会のニーズによって、重点を置くべき健康課題は日々増え続けており、発育・発達課題などは時代の変化のみならず、校種・学校規模・職員体制・地域性によって異なっています。養護教諭は、それらの状況に応じて多様な役割を果たす必要があります。

子どもたちのニーズに添った支援を、日々の執務の中で模索しながらも、新たな役割にフレキシブルに対応し、専門性を創造していくことが“養護教諭の専門性”といえるのではないでしょうか。

養護教諭のバックボーン

養護教諭の専門性が議論上明確になったとしても、重要なのは、実際に養護教諭がなにを行っているかという事実であり、実践です。

しかしその実践が、子どもたちのニーズに沿った支援であるとはいえ、専門家による支援として、よりどころとなる基軸が必要です。この基軸が脆弱《ぜいじゃく》であることが、専門性に揺らぎを覚えることにもつながるのだと思います。

この基軸が、学問（つまり、養護教諭の実践を支える知識と技術の体系）といえるものです。残念ながら、養護教諭のバックボーンとなる学問はいまだ確立しているとは言い難いのです。

これは、養護教諭の専門性とはなにかを、実践の中で問い続け、気づきや実践を研究の俎上《そじょう》に載せて、明確にしていくしかないと思うのです。

つまり「実践知」を基盤にした「研究」でしか、それは発見できないと私は考えています。

5 章

勉強大好き
養護教諭
～研修～

1. 免許更新講習

・10 年ごとの講習と試験
・免許更新講習の目的と概要
・意味のある免許更新講習に

学生でもないのに試験！

「いまさら試験……？　え～っ!!」

ご存じのように、2009 年度から全ての現職教員に、10 年ごとの講習を受けることが義務づけられました。それも試験があるというので“びっくり！”された方も多かったようです。ほかの研修とはちょっと異なりますよね。

当初いつも学校内で走り回っていることの多い先生方にとっては､大学の硬い椅子（私の職場は少なくとも……すみません）に、数日間じっと座っていることは、かなりの忍耐を要したようです。

教員免許更新制の目的

「教員免許更新制は、そのときどきで教員として必要な資質能力が保持されるよう、定期的に**最新の知識技能**を身につけることで、教員が**自信と誇り**を持って教壇に立ち、社会の尊敬と信頼を得ることを目指すものです。更新制は不適格教員を排除することを目的としたものではありません。」と文部科学省は公表しています（太字、筆者）。

確かに、昨今の子どもたちや、教育現場を取り巻く社会の変化は急激であり、さらに、様々な科学的な学問は目覚ましい進歩を遂げています。それらに対応すべく、教員一人ひとりがアンテナを高くして、社会の変化や最新の知識技能を、雑誌や研修会などから常時取り入れていかなければなりません。

最近の知識技能の修得は、個人個人の努力に任されている部分もあるので、この免許更新制は、10年に1回ぐらいは、全体として、きちんと足並みをそろえようという「試み」だと受け取れます。文部科学省の言葉では、10年ごとの“刷新（リニューアル）”による専門性の向上ともいえます。

研修でも講習でも、知識を得ることで、実践への方向性が確認できますので、多少の「自信」を得るということは、あるでしょう。

ただ、それ以上に「誇りを持って教壇に立つ」と書かれています。現代的課題の対応に、寝食を忘れて、骨身を削って子どもたちと奮戦し、疲弊しがちな教員の皆様に、多少学校を離れて誇りを取り戻してほしい……ということだと思います。

その概要は……

ここで、その概要をお知らせしておきます。

すでに免許状をお持ちの方の最初の修了確認期限は、35 歳、45 歳、55 歳で迎える年度末で、修了確認期限の２年間に講習を受けて、修了認定をされないと、免許の効力が失われます。

教員免許更新制導入以降（平成 21 年４月１日）に授与された免許状の有効期間は、所要資格を得てから、10 年後の年度末と定められています。

免許状更新講習の内容は、大きく分けて次の２つで、あわせて 30 時間以上受講・修了する必要があります。このうち、ひとつは全ての教員に共通する事項……

「教育の最新事情に関する事項」（12 時間以上）

で、具体的には、「教職についての省察」「子どもの変化についての理解」「教育政策の動向についての理解」「学校の内外での連携協力についての理解」を主な内容とします。

もうひとつは、学校種・教科種など、専門性に応じた内容で……

「**教科指導、生徒指導その他教育の充実に関する事項**」（18 時間以上）

です。

後者については、養護教諭の免許状に対応した講習、つまり、対象に「養護教諭」と明記されている講習を受講することが必要となります。

一人ひとりが、それぞれの専門性や課題などに応じて、必要な講習を選択し、直接申し込みをします。在住する都道府県以外にある大学で受講することも自由です。

一方、大学も……内心は……

更新講習は、大学を中心に指定教員養成機関（専修学校などのうち文部科学大臣の指定を受けているもの）、都道府県・政令指定都市・中核市教育委員会、文部科学大臣が指定する法人（独立行政法人、公益法人など）が開設することになります。

大学が行っている場合も多いので、実は大学側も当初、内心は大騒ぎでした。

「最先端の科学的知識」を探究している大学ですが、最先端の科学・知識を、いかに現場の先生方の実践と結びつけて、

◯わかりやすい講習が行えるか？
◯どのような内容をどのような方法で実施すれば、本当に現職の先生方に有意義な講習ができるのか？

など、大学の教育力や実践力も問われ、大学側も評価されるわけです。

一部の先生が懸念している試験については、「試験を実施し、到達目標に掲げる内容について、最低限の理解が得られていると認められる場合に、講習の終了認定を行う」ということから“最低限の理解が得られていると認められない場合”は、“講習が終了したと認められない”ということになってしまいます。

つまり、学生でいうところの「落第」です。

大学側としては「現職教諭が、到達目標に対して理解できる講習」を提供できるかどうかは、講習する大学側の力量次第だという側面もあり、暗黙のプレッシャーもかかるわけです。

講習の質

現状では、教員免許講習の課題は、免許更新講習の「質」といえます。仮に、「教員として必要な資質能力が保持されるという目的」にそぐわない、いまひとつの講習があったとしたら「どうせ、今の現場の課題なんて、大学にいる先生にはわからないよね〜」「こんなこと学んでも役に立たないよね」「もう私には、10 年先まで関係ないから」などと言わず（その講習が繰り返され、多くの先生方が被害に遭うわけですから……)、前向きに改善する必要があります(淘汰《とうた》されればよいのですが……)。

そのためには、免許更新講習の質や実施方法など「教員は講習の“受け手”だから仕方がない、なにも言えない」とか「非難する」だけではなく、大学側と受講する先生方とが意見や英知を出し合って、より良い講習に向けて、協力・検討し合えることが必要になってきます。そうすれば“受け手”にとっても、多少なりとも有意義な時間と機会になると思うのです。

日本養護教諭養成大学協議会の調査では、「養護教諭の免許状更新講習」が、養護教諭を養成している大学が地域的に偏っていること、ひとつの県に多くの養成大学がある県もあれば、全くない県もあることや、教員養成系大学以外の看護系などの大学も多いことから、開講科目数、養護教諭のニーズとの不一致、県外での受講などの状況が生まれることも、懸念要素として挙げられています。

主体性

どちらにしても「ねらいからして、それぞれの教員が最新の知識・技能と接し、自らの教育観、教職観、子ども観と向き合い見つめ直す“能動的な意識や姿勢”が重要」で、「その意味からも更新講習に向かう教員の、それぞれの“主体性”が重要になってくる」[※22] と、天笠茂氏は指摘しています。

また、免許更新講習の「質」の課題だけではなく、ほかの教員研修との整合性なども含めた方法の課題もあります。

日本以外では、一定の期間以内に、教員自らが自分の受けたい講習を様々な教員研修などから選び、受けるとポイントが得られ、それを得点化し、一定期間内に一定以上のポイントを獲得すると、免許が更新されるというようなシステムを導入している国もあります。これなどは、かなり有意義な方法だと感じられます。

実際始まってみると、「受けてみたら結構良かった」「新しい知識を得られた」などプラスの声もかなり聞こえてきます。

私自身は、少なくとも“明日へのやる気と元気”が得られるような講習にしたいと頭をひねっています。

※22　「免許更新制をめぐる諸課題」天笠茂『千葉大学教育実践研究』16、p.1-6　2009

6 章

ヘルス・プロモーティング・スクールを推進する養護教諭

1. スクール・ヘルス・プロモーション PART-1 ～現場主導型ニッポン～

・ヘルス・プロモーションって？
・現場主導型のヘルス・プロモーティング・スクール
・ヘルス・プロモーティング・スクールを進める上で大切なこと

質問！　ヘルス・プロモーションって、な～んだ？

“ヘルス・プロモーション”以前はあまり知られていなかったこの言葉も、すっかり市民権を得て、養護教諭なら誰もが知っている言葉となりましたね。

ただ「それってなに？」と聞いてみると、1986 年のオタワ憲章の名前だけは知っていて「健康教育と環境への働きかけですよね」といった反応が返ってきます。「環境への働きかけってなに？」とたずねると、タバコの自動販売機を撤去したり、学校敷地内を禁煙にしたり……、までは出てくるのですが、それ以上は「？」のようです。

どうも、ヘルス・プロモーションという言葉自体の響きはいいのですが、中身がなにかはよくわからないのではないでしょうか。

WHO のヘルス・プロモーティング・スクールとヘルシースクール

1986 年の、ヘルス・プロモーションに関するオタワ憲章を基本とした、WHO（世界保健機関、World Health Organization）の **“学校における健康づくり”** が、ヘルス·プロモーティング・スクールといえます。これは **「学校を中核として地域社会や家庭との連携のもとに、包括的に進める総合的な健康づくり」** を指し、多くの国で用いられている言葉です。

また、英国ではヘルシースクールとして、国家的教育政策の中に位置づけられました。日本の文部科学省と厚生労働省にあたる両省が協力して、ヘルシースクールの基準（1999 年）や、その改訂版である指導書（2005 年）を作成することによって、一気に全国的に展開されるようになってきました。

同じように、アジアでも 21 世紀になり、シンガポールをはじめ香港、台湾、韓国など国家主導でヘルス・プロモーティング・スクールが展開されています。

現場主導型の日本

「緊急通達！!　文部科学省と厚生労働省が協力して、ヘルス・プロモーティング・スクールを全国で展開！」こんなことになったら、とってもいいのですが……。

日本において、ヘルス・プロモーションの理念は徐々に広まり、社会全体としては「21世紀における国民健康づくり運動（健康日本21）」(2000年)や「健康増進法」（2002年）といった国レベルの政策として実施されてきたことは、ご存じだと思います。

健康増進法が施行されてから、駅や職場など至るところで禁煙が広がってきたことからも、法律の威力を感じざるを得ません（もちろん、法律制定に至るまでには、長い間の様々な努力があったわけですが……）。

しかしながら、ヘルス・プロモーティング・スクールに関しては、ヘルス・プロモーションの考え方を踏まえて、「保健体育審議会答申」（1997年）が出され、2003年実施の高等学校学習指導要領に取り入れられてきています。このように、文部科学省で、様々な取り組みがされてはいるものの、諸外国と比べてみると、国が主導した組織・政策的なヘルス・プロモーティング・スクールが行われていたとは言い難いのです。しかしながら、学校保健や健康教育のレベルはかなり高いように思います。

それは健康教育推進学校表彰事業（日本学校保健会）や、それ以前に行われていた全日本健康推進学校表彰事業（朝日新聞社）に代表されるように、各学校の校長や養護教諭などの熱意による、それぞれの学校の課題に根ざした、現場主導型のヘルス・プロモーティング・スクールの構築が行われてきたからであると私は思います。

ヘルス・プロモーション・ティーチャー

それゆえ、養護教諭は「学校におけるすべての教育活動を通して、ヘルスプロモーションの理念に基づく健康教育と健康管理によって、子どもの発育・発達の支援を行う特別な免許を持つ教育職員である」（日本養護教諭教育学会　2003）と定義されているのです。

すなわち、養護教諭の実践活動そのものが、ヘルス・プロモーティング・スクール（ヘルシースクールという場合もあります）に通じると言っても過言ではなく、養護教諭の英訳は、「養護教諭の英語名称は？」（p.101 ～ 103）でも述べましたが、「ヘルス・プロモーション・ティーチャー」が最も適していると考える専門家がいることもうなずけます。

ヘルス・プロモーティング・スクールに必要なもの

さて、話は最初に戻って、ヘルス･プロモーティング･スクールって、なんなのでしょうか？

ヘルス・プロモーティング・スクール（HPS）は、ヘルスプロモーションのためのWHOのオタワ憲章に基づいています。ヘルス・プロモーティング・スクールを進める上で、大切な事柄は以下のようにいわれています。

「日本の学校におけるヘルスプロモーションの基本要素」

項目１　健康についての学校の方針（学校健康政策）

学校での総合的な健康づくりに必要となる方針に関する項目です。主に学校保健計画、学校安全計画などの学校の健康に関する計画についての内容で、以下項目２～６までの５つの項目の内容に関する方針が含まれています。

項目２　学校の物理的環境

安全で衛生的で快適な環境、持続可能な環境へのサポートに関する項目です。

項目３　学校の社会的環境

学校での総合的な健康づくりに必要な人間関係と社会的に特別な配慮を要する児童生徒に関する項目です。

項目４　保護者・地域との連携（地域の連携）

学校での総合的な健康づくりに必要な、学校と保護者や地域の機関、人々との連携に関する項目です。

項目５　個人の健康に関するスキルと実践力（健康スキル・健康教育）

児童生徒が自分自身と他者の健康を向上させる力を育むための健康教育と安全教育に関する項目です。

項目６　ヘルスサービスなど

児童生徒、教職員、保護者のためのヘルスケアサービスとその基盤に関する項目です。

（上記の「日本の学校におけるヘルスプロモーションの基本要素」は、ヘルスプロモーション健康教育国際連合（IUHPE：International Union for Health Promotion and Education）www.iuhpe.org が発表した、ヘルスプロモーションスクールをめざして：学校におけるヘルスプロモーションのガイドライン（ヘルスプロモーションスクールの規約とガイドライン第２版）の中の「学校におけるヘルスプロモーションの基本要素」をもとに、千葉大学教育学部ヘルス・プロモーティグ・スクール・プロジェクトが、日本にもなじみやすいように作成いたしました。）

さらに、ヘルス・プロモーティング・スクールでは、対象となる内容が多岐にわたるため、なにをどのようにしたらよいかわかりにくいことから、この６つの基本要素に基づいた、評価の観点とチェックポイントを開発しました（詳細は、千葉大学教育学部ヘルス・プロモーティング・スクール・プロジェクトウェブページ成果物　http://chiba-hps.org/achievement をご覧ください）。

それでは、これらの項目の概要について、少し解説してみましょう。

１．健康についての学校の方針については、各地区や各学校での政策が日本においては、重要となります。

各学校で不可欠なのは、学校での方針ともいえる、“学校教育目標”を受けた学校保健経営の視点です。具体的には、「学校保健計画」のことです。

健康についての学校の方針が「包括的に進める総合的な健康づくり」であるということから、様々な教育や環境づくりを統合して捉え、総合的にPDCAつまり、計画立案・実施・評価・改善行動する「学校保健経営」「学校保健計画」が必要となります。

2．学校の物理的環境については、学校保健安全法で明確化された、環境衛生基準などが挙げられます。

4．個人の健康に関するスキルと実践力（健康スキル・健康教育）は、日本においては学習指導要領で規定されている保健学習、そして保健指導などです。

そして、**3．学校の社会的環境**、**5．地域の連携**では、連携力が必要となります。

ＨＰＳ（ヘルス・プロモーティング・スクール）は、学校、家庭、地域社会の連携のもと、養護教諭だけでなく学校全体で行われることから、学校の教職員へのヘルス・プロモーションに関する意識啓発も含めた、学校内外の関係者の「連携（能）力」を高めていかなければなりません。

学校保健委員会の組織率や内容の充実、及び中学校区などの地域のいくつかの学校が一緒になって設置されている、地域学校保健委員会設置が鍵を握るといえるでしょう。

2. スクール・ヘルス・プロモーション PART-2 ～チームの健康～

・養護教諭は連携のコーディネーター
・養護教諭は孤立しやすい？
・学校全体で健康づくりに力を入れる

連携力

ヘルス・プロモーションは、学校、家庭、地域の連携のもとに行われるために、学校内外の人々の連携（能）力を高めることが大切、というお話をしました。

この連携力を高める方法のひとつとして、学校保健委員会は起爆剤として活用できます。年１回、学校医をお呼びして健康診断結果を報告するだけの形骸化した学校保健委員会ではなく、子ども、学校、家庭、地域、専門家がつながるきっかけとなる学校保健委員会をプロデュースすることが連携力を高めることにつながります。さらに、近隣のいくつかの学校が集まった、**地域学校保健委員会**の設置が重要です。ある学校における健康課題は、その周りの学校でも同じような課題を抱えていることが多く、地域ぐるみで対応していかなければならないことが多いからです。

そして、連携力といえば、中央教育審議会答申で「連携のコーディネーター」と位置づけられた養護教諭の出番です。

連携では、“チーム”の考え方が参考になります。共通目標を達成するという点では、組織とチームは同じですが、組織は、分業化をとり、一方、チームはお互いの守備範囲をオーバーラップしながら、前に進んでいきます。それは、前述したように夜の小道で街灯と街灯の間にすき間ができないように、それぞれの光に重なりができるのと似ています。

チームでは、「お互いがそれぞれの分野で、代替不可能なほどの高度な専門性を持ち、互いの高い専門性の組み合わせが、高度の目標達成を促します。つまり、メンバーの相互作用が重要な役割を果たしており、それぞれが異なる専門分野であるからこそ、お互いの関係する接点をカバーするために、オープンな情報交換が必要」※23 なのです。

学校がチームだとしたら、チームリーダーは言うまでもなく校長です。しかし、校長がいかに頑張っても、もしくは、チームリーダーが期待できなければ（失礼！）、なおさら、「連携・協働のミドルリーダー」（p.35 ～ 43）で述べた、ミドルリーダーの存在が不可欠なのです。

※23 『組織マネジメント戦略』慶應義塾大学ビジネス・スクール編　高木晴夫監修　有斐閣　2005

養護教諭はバレーボールのキャプテン

“養護教諭はバレーボールのセッターでありキャプテン”※24とおっしゃったのは、当時養護教諭であった鈴木裕子先生（現・国士舘大学准教授）です。それぞれの選手がセッターやアタッカーなど、高い専門性を持ちながらも、互いに連携・協働してチームの一員として戦う選手兼キャプテンの姿は、確かに養護教諭に似ています。

すなわち、養護教諭の重要な役割は、チームメンバーの一人ひとりが最大限にその能力を発揮し、チームの共通目的を達成するための「目的の共有化」「情報の相互伝達」「チームとしての自覚の高揚」「行動の共有化」を行うことでしょう。

しかし、現在の日本における学校のヘルスプロモーションは、養護教諭の置かれた状況や熱意に、大きく依存せざるを得ず、また、ボトムアップ式であるがゆえに、養護教諭の努力と労力が大きいことは、想像に難くありません。

※24 「養護教諭は健康支援チームのキャプテン」鈴木裕子『健康教室』2003年1月号、p.16-18、2003

日本においては、子どもたちの声なきニーズに政策が追いつくまで、その溝を埋めるのは、残念ながら、養護教諭の努力と熱意に頼るしかない状況だといえましょう。

自己犠牲の美学を超えた、チーム（組織）の健康

現在の日本の学校においては、養護教諭のみならず多くの教諭が忙しく、**忙しい**という字が**心を亡くす**と書くように、心にゆとりのない教員生活を送っている先生が多いと思います。

「連携・協働のミドルリーダー」（p.35 ～ 43）で、学級王国や保健室王国のお話をしましたが、同僚と同じひとつの空間、つまりオープンスペースで働く仕事に比べ、多くの時間を教室や保健室などのほかとは区切られたクローズドスペースで働く仕事は、ややもすると孤立しやすく、ほかからの協力が得にくいものです。また、ストレスを抱え込みやすい状況であると思われます。

日本では、頑張りすぎて心身の健康を害すると、「(同情されつつ)自分を犠牲にして、よくここまで頑張った!」と捉えられがちですが、そんな背景には、日本における「自己犠牲の美学」なるものが、多少見え隠れしているような気がします。頑張りすぎて心身の健康を害したら、もしかしたら、ほかの国では、「愚か者」または「自己管理能力不能」というレッテルを貼られるかもしれません。

ヘルス・プロモーティング・スクールでは、参加する教職員の健康も重要な要素です。そういった"暗黙の自己犠牲の美学"を打破する「チーム(組織)の健康」にも留意した、「教職員にとっても健康的な学校」をつくっていかなければならないでしょう。

天笠茂氏も「教師の健康状態に大きな課題を抱える学校を、いかにして生み出さないようにするか」「教育課題に立ち向かう活力が失われてしまうことを避けなければならない。組織の活力を低下させ、教育機能を喪失させた学校の発生を防がねばならない」※25 と、警告を発しています。

以前訪問したシンガポールは、小さな国のため、資源は人間という国でした。ですから、教育熱もすさまじく、学校の先生たるや、超多忙だそうです。そんなシンガポールのヘルス・プロモーティング・スクールでは、教職員向けのアロマテラピーやマッサージも、ヘルス・プロモーティング・スクールのプロ

※25 「ヘルシースクールと学校保健経営」天笠茂『第54回日本学校保健学会講演集』(『学校保健研究』Vol.49、Suppl)、p.50-51、2007

グラムの中に入れられていました。

ぜひ、ぜひ！！　日本でも取り入れたいですね。

学校のヘルス・プロモーション

学校でのヘルス・プロモーションは“**学校を中核として地域社会や家庭と連携のもと**”で**進める「総合的な健康づくり」**です。教育基本法の教育の目的が「心身ともに健康な国民の育成」ということから考えると、養護教諭や児童・生徒だけでなく、教職員など学校全体で健康づくりに力を入れること、さらには、保護者、地域の人々などをも巻き込んで展開することが重要です。また、関係機関の協働も必要です。

「地域の中で、教育をどう再生していくか（東京大学名誉教授衞藤隆氏談）」を考えることこそが、ヘルス・プロモーティング・スクールに突きつけられた課題といえるでしょう。

3. スクール・ヘルス・プロモーション PART-3 ～コミュニティ・スクール～ ― 連携の連鎖 ―

・コミュニティ・スクールってなに？
・地域に開かれ、地域に支えられる学校
・実践の連鎖

学校への意見

「保護者や地域の人々の意見を、学校にどのように取り入れていますか？」と校長先生にうかがうと、「学習参観や運動会など、いろいろな機会に、学校に来ていただき、その際に出た意見を学校教育に生かしています」「意見箱を設置しております」「ＰＴＡ活動を通じて、様々な意見をいただいております」など、「なるほど、ごもっともな意見」と思える発言をする方がいらっしゃいます。

確かにそうなんだけど……。

コミュニティ・スクール（学校運営協議会制度）ってご存じですか？

「コミュニティ・スクール」は、保護者や地域の人々が、「学校運営協議会」と呼ばれる組織を通じて運営に参画する、新しいタイプの公立学校のことです。

2004年9月から始まり「保護者や地域の人々」が、一定の“権限”と“責任”を持って学校運営に参画し、保護者・地域の人々・学校・教育委員会が責任を分かち合い、一体となってより良い教育の実現を目指すという、地域に開かれ、地域に支えられる学校づくりの仕組みです。

コミュニティ・スクールの設置については、保護者や地域の方々のニーズを踏まえ、教育委員会が決定します。

2014年4月1日現在、全国で1919校（幼稚園94園、小学校1240校、中学校565校、高等学校10校、特別支援学校10校）がコミュニティ・スクールに指定され、文部科学省は公立小中学校の一割（約3000校）に拡大する推進目標を掲げているそうです。

コミュニティ・スクールでは、保護者や地域住民などから構成される学校運営協議会が設けられ、学校運営の基本方針を承認する、教育活動などについて意見を述べるといった取り組みが行われます。

学校運営協議会の主な役割として、

・「校長の作成する学校運営の基本方針を承認する」
・「学校運営に関する意見を教育委員会又は校長に述べる」
・「教職員の任用に関して教育委員会に意見が述べられる」

の3つがあります。これらの活動を通じて、保護者や地域の皆さんの意見を学校運営に反映させることができ、コミュニティ・スクールは、「地域とともにある学校づくり」を進める有効なツールです。

（文部科学省 http://www.mext.go.jp/a_menu/shotou/community/ をもとに作成）

このコミュニティ・スクールは、「連携・協働のミドル・リーダー」（p.35 ～ 43）でお話をした、学校にはなんとなく意見を言いにくいという保護者や、地域が感じている“暗黙の学校ヒエラルキー”を払拭する、画期的な学校といえましょう。

形骸化さえしなければ、コミュニティ・スクールは、まさに地域の中で保護者や地域と連携し、学校を再生する試みだと思います。

スクール・ヘルス・プロモーションとは「学校を中核として地域社会や家庭との連携のもと」に進める「総合的な健康づくり」のことですから、コミュニティ・スクールの考え方が重要です。

それゆえ、この試みは、スクール・ヘルス・プロモーションの視点からも、注目すべきといえましょう。

意識改革

しかし、コミュニティ・スクールを知っている人はまだまだ少ない状況です。

文部科学省のホームページ内にある「コミュニティ・スクール」についての紹介を読んでもらった後で、「地元の公立小学校が『コミュニティ・スクール』に指定されることを希望しますか？」とうかがったところ、45％の方が「希望する」と回答したそうです（ベネッセ教育開発センター）。

つまり、半数近くの人は「保護者や地域の人々」が運営に参画する“地域に開かれ地域に支えられる学校”が大切であると認識し、またそうなってほしいと、一般的には願っているのです（ちなみに、希望しないは８％だったそうです）。

では「地元の公立小学校がコミュニティ・スクールとなったら、積極的に『学校運営協議会』に参加しますか？」と保護者や地域の人に聞いたら、どうでしょうか。「う、う～ん？……」と、ちょっと二の足を踏む方が多いのではないでしょうか。

ＰＴＡ活動でさえ、保護者は仕事を持ったり多忙であったりすることから、「役員もできればやりたくない、避けたい」という方が多いようです。もちろん、コミュニティ・スクールは、ＰＴＡ活動とは異なり、仕事を持った人でも参加しやすいように、土日に会議を開くことができます。

しかし、なによりも障壁となるのは“学校は、教師が教育を行うところ”であり“なにか特別にお手伝いするという、保護者・地域の人々の暗黙の意識”、そして学校自体が持っている“専門職の聖域に、一般の人がたやすく口を挟んでほしくない”という、無意識下の意識なのではないでしょうか。

それゆえ、コミュニティ・スクールを進める上で重要なことは **“学校と地域とが対等の立場で協働すること”** で、そのために大切なことは、**保護者や地域の人々**も**学校教育**に対し**主体者**であるという**意識改革**なのだと思います。

　子どもたちの教育上の課題はふくれ、それゆえ、教師は疲弊し、教育界は閉塞状態にあるともいえます。一方で、保護者は、学校・社会といった子どもを取り巻く環境を嘆き、子どもの課題に悩む反面、ややもすると、これまで学校教育に依存しすぎた結果、学校や教師を批判しがちです。

　でも、忙しくて学校との協働はできないというのでは、自らが権利と責任を放棄していると言わざるを得ません。

　学校関係者や保護者、そして地域住民が、コミュニティ・スクールに関わることにより、自分たち自身の生活や成長のために、この経験が有意義であると感じ、喜びと感じられないのであるならば、決してコミュニティ・スクールは成功したとはいえないでしょう。これはコミュニティ・スクールだけでなく、ほかの学校やＰＴＡ活動でも同じことです。

連携の連鎖

ある地区の養護教諭の方々は、子どもたちの自尊感情を高めるための実践を、数年間実施してきました。その間、保健室での自己肯定感を高める図書の導入をはじめ、壁新聞や保健だよりづくりを行ってきています。また、担任の先生に対しては、自己肯定感を高める指導のヒントや、資料の提供なども行いました。

その地区の小学校に子どもが通っている保護者の方から、こんなお話をうかがいました。

「ある日、担任の先生が毎月発行している学級だより『ハッピーマン』を子どもが持って帰ってきました。その学級だよりには、『道徳の時間に、友だちの良いところという学習をしたこと』と、『クラスの児童全員の名前と似顔絵とともに、友だちから意見として出た、一人ひとりの良いところ』が全員の分書かれていました。」

その日の夕飯は、同じクラスの子どもたちの良いところの話題で盛り上がり、普段は知らない子どものクラスのお友だちの良いところを、両親が知ることができたことは、言うまでもありません。

そして次の週には、この話は、保護者の間で盛り上がりました。「みんな、一生懸命考えて無理して書いているよね……」などと言いながら、普段、問題視されている子どものお母さんもうれしそうでした。私たち保護者も「子どもの良いところを見ていかなくちゃね」などという話が出てきました。

実は、この担任の先生が出された学級だよりのことを、養護教諭は全く知らなかったといいます。養護教諭の実践が、本人の知らない間に担任から家庭へ、そして保護者間へと連鎖し、自尊感情の高まりが少しずつ形を変えて広がっていったといえましょう。

学校教育は教師の“専売特許”という、長年培われてきた暗黙の意識は、すぐに変わるというものではありません。このような一つひとつの取り組みが、何度も何度も繰り返されるとともに、保護者も地域の人々も、学校に巻き込まれていくかもしれません。そんな地道な取り組みが保護者や学校の意識を変え、いつか学校を真の変革へと導くのではないでしょうか。

◇◇

私自身を振り返ってみれば、子どもの学校のＰＴＡ役員が終わり、ホッとしている場合ではないなあと思いました。

さて、これから子どもの学校教育にどのように貢献していけるのか、そして、それにより私自身にどのような世界が広がるのか、心を入れ替えて模索したいと思っているところです。

7 章

社会の流れの中の養護教諭

1．学習指導要領

・学習指導要領、まずは読んでみることが大切
・最初は保健！　そして他関連教科を読み解く
・学習指導要領を読みながら保健学習などを考える

学習指導要領、次回改定はグローバル化

学習指導要領は、ご存じのとおり時代の変化を捉えて来るべき10年間を見定めて、約10年ごとに改定されています。

1998年度（平成10年度）改定では、完全学校週５日制実施(2002年度)に合わせ、学習内容を削減し、「生きる力の育成」を目指して「総合的な学習の時間」を導入､「新しい学力観」を打ち出したものの、「ゆとり」教育と言われて「学力低下」が指摘されました。

それを受けて、小中学校が2007年度（平成19年度）に、高校が2008年度（平成20年度）に改定された、現行の学習指導要領では、「脱ゆとり」を掲げ、主要教科で学習内容を１

割増加、小学５～６年生での「外国語活動（英語）」、中学での武道必修が開始されました（トータルな人間教育に舵《かじ》を切った画期的な「ゆとり教育」から、「学力重視」に舞い戻った詳細は、後述「歴史と社会に仕掛けられた落とし穴」（p.189～191）をお読みください）。

次回改定は、グローバル化に対応した人材育成に早期に取り組む必要があるということから、東京五輪が開催される2020年度（平成32年度）に学校現場で実施できるように、学習指導要領の改定は、2015年度（平成27年度）から改定作業を開始し、約２年間かけて検討することとなりました。

大きな方針としては、ひとつ目は、急速に進むグローバル化に対応し、国際社会でも活躍できる人材を育成するために、英語教育を強化する方向で、小学校英語の開始時期を５年生から３年生に早め、英語の授業を小学３～４年で週１～２時限程度、５～６年で週３時限程度実施する。また、中学校では授業を原則英語で行い、高校では発表や討論を通じ、より高度な英語力を身につけさせるという方針だそうです。

また、2つ目は日本人としての主体性（アイデンティティー）に関する教育、具体的には、歴史、伝統文化、古典を含む国語教育を一層充実させる。

３つ目、道徳は、小中学校で「特別な教科」にされる予定だそうです。

2009年の4月は本当に……

「2009年の4月は、いつにもまして、ほんとに大変だったわ～」。全国各地の学校から、こんな叫び声が聞こえてきました。

そう、現行の学習指導要領の先行実施があった2009年の4月は、ギリギリになってから、学校保健安全法施行規則が出され、現場では本当に、本当に大変だったことと思います。

とはいえ、養護教諭以外の先生方にとっては、学校保健安全法は二の次（二の次どころか、いつまでたっても、われ関せずの方も……多々いらっしゃるかも……）のようですが……。

学校保健安全法については、校長をはじめ、学校に勤務する教職員の理解を促すのも、養護教諭の役割といえます。教職員の日々の観察力向上、そして連携コーディネーターの養護教諭としての、学校保健委員会の活性化が、まず手始めに大切になったはずです。

学習指導要領!!

勤務校種の学習指導要領については、すでにご存じのことと思われますが、中学校勤務の先生でしたら、これからは小学校で児童がどのようなことを学ぶのか、どのような学習をした子どもたちが中学校に来るのかなど、他校種の概要も知っておく必要がありますので、時間数などの概要について以下に触れておきます。

現行の学習指導要領改正時においては、これまでの理念を継承し、教育基本法改正等を踏まえた「生きる力」の育成が継承されました。

小学校においては、授業時数が６学年合わせて350時間程度増加し、総合的な学習の時間は、週１コマ程度縮減されました。

全体の授業時数としては、１学年で68単位時間（週２コマ相当）、２学年で70単位時間（週２コマ相当）、３～６学年で各35単位時間（週１コマ相当）増加しました。

中学校では、国語、社会、数学、理科、外国語、保健体育の授業時数を400時間程度増加、総合的な学習の時間は、３学年あわせて190時間に縮減、総授業時数は、各学年で35単位時間（週１コマ相当）増加となりました。

すでに……そろそろ……

教科保健（保健学習）については、日々の多忙さゆえに、または保健学習にあまり関わらないので、「学習指導要領は二の次!!」とならざるを得ない養護教諭の先生もいらっしゃるようです。

もちろん、「私は十分学習済み」という方もおられるとは思いますが、すでに学習指導要領をきちんと読んでいるという養護教諭は、かなり熱心な方だといえましょう。

保健指導をひとつ実施することを考えても、教科保健（保健学習）や他教科で、なにが押さえられているのかを把握しなければ“砂上の楼閣”となってしまいます。保健学習を担当しなくとも、学習指導要領をまずは読んでみることが大切なのです。

まずは、保健！　そして、他関連教科

小学校では、学習指導要領はほぼそのまま引き継がれ、第３学年と第６学年で内容が増加しています。

中学校では、「傷害の防止」が「交通事故」と「自然災害」に分かれたこと、そして「犯罪被害」を小学校同様に取り上げるようになりました。

また、応急手当では、以前の人工呼吸法から心肺蘇生法《しんぱいそせいほう》が取り上げられたほか、近年急速に普及しつつあるＡＥＤ（自動体外式除細動器）が盛り込まれました。

また、新たに追加された項目では、一般薬がコンビニ、スーパーなどで入手できることになったことを受け、「健康な生活と疾病の予防」で「医薬品は正しく使用すること」が入りました。

さらに、「心身の機能の発達と心の健康　イ．生殖にかかわる機能の成熟」の解説で、

「指導に当たっては、発達の段階を踏まえること、保護者の理解を得ることなどに配慮することが大切である。」

とあるように、校内や保護者の理解を得られるようにすることが重要でしょう。

またこれは、中学校の学級活動における「性的な発達への適応」についても、同様の理解を得ていく必要があります[※26]。

もちろん保健だけではなく、家庭科、生活科、理科などの他教科や、「総合的な学習の時間」の健康の学習指導要領を読み解いて、適切な内容を押さえることが必要となります。

道徳教育

「大学生がマリファナ所持、自宅で栽培！」のニュースに驚けば、逮捕されるときに「マジっすか？　マジっすか？」と、罪の意識が全くないのにもこれまた驚き（！）です。

日本では大麻の種は簡単に入手可能だとか、法律が甘い……ということなどを聞くと、これらの法律も含めた、ヘルスプロモーションで大切な、環境の改善を考えなければならないと思

※26　「特集　新学習指導要領と養護教諭の役割　新学習指導要領のここがポイント—養護教諭は保健教育にどのように取り組むか」渡邉正樹『心とからだの健康』2008年11月、p.14-18、2008

います。しかし、いくら法律で規制しても、種が買えなくなっても、罪を重くしても、人間の価値観や道徳観を変えなければ、どこからか必ず手に入れる方法があるのです。

実際、東南アジアのある場所では、道を歩くと「気持ちよくなるよ～」という日本語の勧誘に引きずられ、マリファナの吸引体験や入手は容易だと聞きます。

これは、大学生だけの問題ではありません。産地を偽った高級食品、政治家の汚職・逮捕、年金記録の改ざんなどが頻発する現在の日本社会では、社会の背景そのものが、子どもたちの道徳心をむしばんでいると言わざるを得ないのです。

このような時代背景を受けてか、学習指導要領の特徴のひとつに“道徳教育の強化”が挙げられます。

そもそも道徳とは「他者とともに生きたいという一人ひとりの願いから生まれた共生の知恵である」ともいえ、人間形成力の低下から、道徳教育の強化が打ち出されたと指摘されています。

今回は、発達段階に応じて、指導の重点を明確化し、小学校では「人間として、してはならないことをしない」「集団や社会の決まりを守る」、中学校では「社会の形成への主体的な参画」などが示されています。

養護教諭の実践のリンケージ

道徳は、養護教諭の養護をつかさどる実践とも深く関わります。「子どもは、自らの志向とよりどころとなる家庭環境をもとにして、自分の価値観を育んでいると考えています。その価値観に揺らぎをかけることが、自立への支援につながります。健康教育とともに、望ましい自分のライフスタイルをつくっていく姿勢を、養護教諭の実践すべてを通して、育みたい」と、京都市の西能代先生（養護教諭）はおっしゃっています。

つまり、学習指導要領を読みながら、保健学習を考えるとともに、保健指導や養護教諭の職務（実践）全体を再考し、子どもたちの価値観に揺らぎをかけ、必要な力や道徳心を、養護教諭の実践を通し、トータルで育てていく発想に転換する必要があるということなのだと思います。

養護教諭が保健学習を担当する、その必要性や重要性について、専門的な知見からの知識の提供が強調されます。しかしながら、それとともに、子どもたちの日々の様子から捉えた、健康・発達課題を保健学習・保健指導にどう生かすか、養護教諭の実践のリンケージ（連鎖）が、養護教諭ならではの統合的な教育・支援といえます。

これこそが「養護教諭ならでは、養護教諭だからこその保健学習」の特質ではないでしょうか。「教育職員の証し」（p.52〜61）でも書きましたが、養護教諭が保健学習を行うデメリット（養護教諭の疲弊、保健室不在、緊急時の事故など）も指摘される中、教育職員としての養護教諭が行うと、保健学習にどんな良い点があるのか、なぜ養護教諭でなければならないのか、それを意識化し、明確にしていく必要があると思います。

参考文献：
『小学校保健学習の指導と評価の工夫』日本学校保健会　2015年
『中学校保健学習の指導と評価の工夫』日本学校保健会　2015年
『高等学校保健学習の指導と評価の工夫』日本学校保健会　2015年

2. 時代が変わるとき
日本養護教諭養成大学協議会の知的蓄積

・日本養護教諭養成大学協議会の発足
・養護教諭の実践における知的蓄積
・養護教諭は心身の健康の専門家

政策が変わるとき

世の中には、矛盾や理不尽なことがたくさんありますよね。それをなんとかしたいと思っていても、なかなか変わらないことが多いわけです。

養護教諭の領域を見渡してみても、ほかの教諭と比べ、教員研修が著しく少ないなど、明らかに差別されている……矛盾していることがまかり通っていると思います。

皆さんが勤務されている学校でも、「なんでこうなっているの？」と思うことはありませんか？

2009 年、一般公開された映画「精神」（2008）の映画監督である想田和弘氏は、日本の「精神医療」が、精神科の患者さ

想田和弘　1970 年栃木県生まれ。東京大学文学部宗教学科卒業。ニューヨーク在住の映画作家。『精神』は、精神障害者とその家族に肉薄した作品で、国際的に高い評価を受けている。

んはなにをするかわからないから危険だ、ということで治安を優先し、入院させて一般社会から隔離するという歴史だったと指摘しています。

その後、精神衛生法から精神福祉保健法へと改正されたときは、精神科患者さんの「入院隔離」から脱却し、一般社会での生活が可能かにみえました。しかし、改正後でも、入院患者が全国で 31 万人にものぼること、そしていまだに精神障害者に対する根強い偏見があることは、事実として受け止めなければなりません。

近年、障害者自立支援法が通過しましたが、医療コスト削減を最優先にした法案のため、多くの問題点を抱えていることについては、至るところでいわれています。

そして、行き詰まった日本の精神医療を打開するには、「政治家」や「施策が変わらないといけない」、そのためには、「世論が変わらないといけないと思います」と、想田氏は強いメッセージで伝えています。

政策が変わるとき、そのときになにが大切か？

それは、**正しい方向性を見極める判断力**です。そして、その判断力に影響を与えるのは、**正しい方向を指し示す「知的蓄積」**なのです。

日本養護教諭養成大学協議会

養護教諭の免許が取得できる大学や、短期大学の背景はいろいろです。

具体的には養護教諭の養成は、教育学部での養成や、看護学部・学科での養成、体育学や栄養学を背景とした大学・学部などでの養成、また、短期大学での養成など、多くの養成機関があります。

2005年11月に、それらの様々な養成機関が集まって、『日本養護教諭養成大学協議会』ができました。現在、入会している大学などはおよそ120校程度で、年々増えており、10年を迎えようとしています。

協議会には委員会があり、養成制度検討委員会やカリキュラム検討委員会では、様々な検討を行い“養成制度をどうすればいいのか”“カリキュラムはどのようにすればいいのか”などを検討し、「知的な蓄積」を行っています。

例えば、養護教諭を養成する大学などのカリキュラムは、教育職員免許法などの法律によって、大きな枠組みが決められています。

しかし、このカリキュラムは、ずっと以前の看護婦養成のカリキュラムをもとにしているため、いろいろな問題があります。もとになった看護婦養成のカリキュラムは、すでに看護師養成として、大きく変わっているというのに……。

そこで、私たちもなんとか変えたいと思っているのですが、法律はそう簡単には変わらないというわけです（これは、学校保健安全法でも痛感しましたが……）。

また、具体的にどのように変えるのか？　どのような免許法なら、より良い養護教諭を育てることができるのかを、はっきりさせておかなければなりません。

つまり、法律を変えるためには“その理由”と、“どのように変えるのかという具体的な案”を持っていなければならないのです。

また、それが納得のいく、根拠のあるものでなくてはならないので、きちんとした方法で検討をし、「知的蓄積」をしているのです。

「知的蓄積」は、一夜漬けではできません。地道な積み重ねと努力が必要なのです。そして、いざ政策が変わるかも知れないというときには、機を逃さず、それらの知的蓄積を結集し、政策の礎となるべく、原石をつくっておく必要があるわけです。

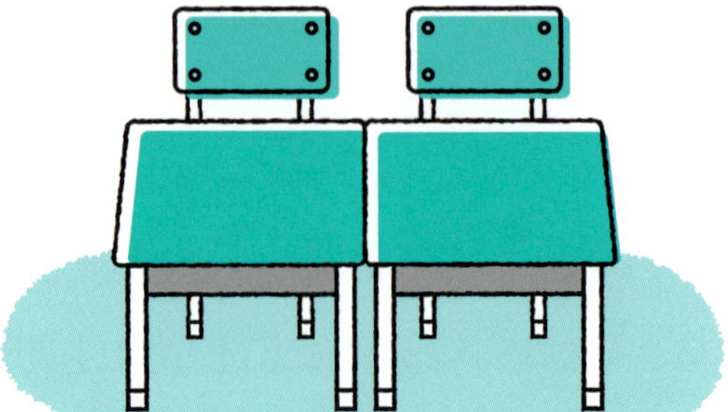

養護教諭の実践における「知的蓄積」

「血を吐く思いで、道を切り開いてきた」という先人養護教諭の方々は、環境衛生の仕事だからとトイレ掃除を割り当てられたり、職員室に養護教諭の座る机がなかったりしたそうです。

それに加えて、養護教諭の社会的評価が今日ほど高くなく、さらに、女性の専門職業人としての苦労も並大抵ではなかった時代に、「養護教諭という職の矛盾と困難さに、元気をなくすこともたびたびでした」※27 と言うのは、先人の一人である大塚睦子氏です。

そのような矛盾と困難の中でも、社会的評価や養護教諭を取り巻く制度が、少しずつ変わってきたのは、まさに、自分たちの実践を振り返り、それを「知的蓄積」として残してきたからではないでしょうか。

「職業人としての誇りを見失いそうになる同胞に、どのような理論武装が可能かと思い悩んだ」※28 と、中安紀美子氏はおっしゃっています。まさに、この理論武装こそが「知的蓄積」といえるのではないでしょうか。

長い間の養護教諭の今までの実践の知的蓄積があったからこそ、それが中央教育審議会答申に反映し、その一部が学校保健安全法にも生かされてきたことは、記憶に新しいですよね。

※27　『障害児に学ぶ教育の原点：養護教諭35年の実践から』大塚睦子　農山漁村文化協会　1994

※28　「課題別セッション　再び、養護教諭のしごと―今、子どもをどう理解し、向き合うか」中安紀美子『日本教育保健学会年報』15、p.137-143、2007

そのような「知的蓄積」で重要なのは、実践の礎であり、前述の大塚氏は「からだを科学的に認識し、哲学的に思考する」とおっしゃっています。

からだを科学的に認識する第一歩は、からだを専門家としてきちんとみることであると思います。

からだをみる

ある年の夏の講習会では、前述したケースメソッド教育を取り入れました。ケースメソッド教育とは、ケース（事例）を用いて、議論（ディスカッション）しながら学ぶ方法です。

参加した養護教諭の方々は、ケース「いじめによるけが」に登場する、主人公の養護教諭の対応や連携の取り方に対して、「ここはまずいよね～」「こうすればいいのに～」と、養護教諭の行動の問題点を指摘しながらも……「でも、こうなっちゃうのよね～」と、同情的です。

　すると突然、参加していた黒一点の教諭が、怒りに近い大きな声で、意見を述べ始めました。
「それでは、どこに養護教諭の専門性があるのですか？」
「理由も示さず、行動レベルで、ここはまずいとか、こうすればいいのに、なんていうのは、養護教諭じゃなくても、素人でも言える」
「養護教諭なら、きちんとからだをみて、からだのここがこうだから、こうすべきであると、子どものからだからの情報を根拠に、行動を決めたり、ほかの人に説明したりできなくて、どうして養護教諭といえるのか？」と厳しいご指摘です。
　養護教諭は“心身の健康の専門家”といわれていますが、やはり、「身・心」の健康、つまり、からだをきちんとみて、そして、心をみる専門職なのです（からだが先なので、「心身」というより「身心」の方が正確かもしれません……）。
　ときどき、私も「からだをみる視点が弱いかなあ……」と感じることがありますが、このときは、ほかでもなく教諭に指摘され「ぎゃふん」という感じでした。

哲学的に思考する

　けがをしている子、病気になった子に対して、手当だけでおしまいではなく「なぜ起こったのか？」「どういうところでけがをしたのか？」を吟味し、原因を調べ、再び起こらないよう、全校児童生徒の健康問題にまで広げて考え、児童生徒全体に対する健康教育を行います。さらには、学校や社会のありようまで考えようとするところに、養護教諭の価値があると指摘されています※29。

そして、養護教諭自身の実践が「果たして子どもたちにとってどうだったのか？」を振り返って省察すること、これらこそが“哲学的に思考する”ということにほかならないと思うのです。

※29　IFEL：Institute for Education Leaders　大谷　2008

3. 再び、養護教諭ってなんだろう？

- 養護教諭は“月明かり”
- 養護教諭に求められていることは？
- リーガルマインド

ティーチングを支えるケアリングの専門家

教育は、「教」えるというティーチングと、「育」てるというケアリングの、2つの漢字から成り立っています。そして、**ヒーリングの要素も欠かせない**と思いますが、ティーチングは主に、教科などを通じて学力の向上を目指すものです（「教」のつくりの「攵」（ぼくにょう）は“棒をもってたたく動作を表している”そうです。体罰が厳しく制限されている学校では、こんなことはありえませんが……実は怖い言葉なんですネ）。

一方、養護教諭は「育」てるという「ケアリング」と深く関わる部分を担うことが多いと思います。法律にも「養護をつかさどる」（学校教育法第 37 条 12）と明記されていて、このケアリングが、養護とかなり重なり合うと感じます。

再度引用すると（p.48）、大谷尚子氏は、

「子どもは生命と健康が守られ、自分がかけがえのない存在と受け入れられていることを実感し、日々を安心して自由に過ごせて、はじめて人格的成長がはかられる。」※30

と言います。これこそケアリングとオーバーラップします。

つまり、教育の基礎にあり、学習に「不可欠なものが“養護”である」とし、それゆえ養護教諭は、必然的に「子どもたちの生活に寄り添い、深く関わる」ことが求められている職業であると言及されています。

目の前の実践を通じて子どもたちの未来を考える教育職員

目の前の子どもたちを一生懸命に支援することは、もちろん大変重要です。しかし、それだけでは“先生は素晴らしい”で終わってしまいます。前述したように素晴らしい実践をまとめ

※30 『養護教諭必携シリーズ　養護教諭の行う健康相談活動』大谷尚子　東山書房　2000

ることで、多くの養護教諭（やスクールナース）がそれを参考にしたり、応用したりすることができます。つまり、日本の、世界の、未来の子どもたちのためにつなげられるのです。

養護教諭の仕事は多様ですが、専門家というからには、これだけは自信があるという実践をひとつはつくって、世の中に発表していく責務があるのだと思います。そうしないと、養護教諭の専門家全体としての発展はなくなってしまいます。

背景や立場、役割が異なっても、子どものために必要な支援をしたいと思う気持ちは、養護教諭もスクールナースも同じです。“養護教諭はスクールナースが目指す姿”とさえいわれるわけですから、その実践を、世界的、未来的視点で研究発表していく必要がありそうです。

また、その実践においては“教育者としてはどうか”、養護教諭としての“養護をつかさどるという点ではどうか”を振り返り、検証する必要があると思います。

救急処置をしながら、「今度けがをしないためにはどうすればいいと思う？」など、“子ども自身が再発防止を考えることができるきっかけ”になるような発問を行うことは、よくみられる光景です。このような“教育的な視点からの実践ができたかどうか”を振り返る必要があります。

まだその言葉もなかった時代、教室に入れない子どもを受け入れ、支援していった養護教諭……。その後「保健室登校」という名前がつき、誰もが知る現象となりました。

保健室登校に代表されるように、子どもたちの様々な課題をいち早くキャッチして、その子どものニーズから支援を行っているのが養護教諭といえましょう。養護教諭は、ほかの人が気づいていない、多くの子どもたちの問題をつかんでいるはずです。

養護教諭に見せる子どもたちの姿から、子どもたちがなにを求め、なにを必要としているのかを捉え、直接支援を行います。それとともに、問題の解決のためには、学校や社会など、子どもたちを取り巻く環境が変わっていかなくてはならない部分が多々あり、それを学校や社会に伝える責務を負っているわけです。

そのためには「気づく感性」が大切なことをお話ししました。例えば、赴任したときに気になった学校の臭いトイレも、毎日臭いと慣れてしまうこともあるように、慣れてしまうと、気づく感性が低下しますよね。

◇◇◇

私がこのところ、子どもたちの朝の登校風景で気になっていること……特に小学校１年生は、小さい体に大きなランドセル、そして、月曜日に至っては、体操着に上履き、ときには給食衣など、両手にいろいろなものを持っているのです。そして、実際に持ってみると、ランドセルやかばんは相当の重さです。

忘れ物をしたくないからといって、すべての教科書とノートをいつも持ち歩く子どももいます（実はこれ、うちの子なんですが……）。雪の多い地区では、かばんの横につり下げてある袋が、除雪車に引き込まれて、重大な事故が起こっていると聞きます。養護教諭に確認してみると「そうなんですよね～」と、十分ご存じの様子。あまりに重いかばんは、子どもたちの成長発達や安全面に、大きな問題があるのではないでしょうか。

誰かが疑問を持ち、それを課題として学校や社会に訴えていかなければ、状況はあまり変わりません。

学校によっては、より軽くてフィット感のあるリュックサックを奨励しているところもあります。シンガポールや台湾の小学校では、旅行で使う車輪の付いた、いわゆる「コロコロかばん」を使っている子どももたくさんいました。

もちろん、バリアフリーでなければ、これは使いづらいと思うのですが……。

さらに、香港やドイツなどでは、学校かばんの重さの基準が決まっており、香港でもヘルス・プロモーティング・スクール（健康推進学校）と呼ばれる学校の半分では、学校かばんの重さを計測していました。

行き詰まった教育の状況を打開するには、政治や施策が変わらないといけない部分もあります。そしてそのためには、世論が変わらないといけない。そして、養護教諭は、子どもたちの実態から、その現実を世論にもっと訴えかける必要があるのだと思います。

それも、誰もが納得するような“具体的な実態”をわかりやすく示すような方法で……。

リーガルマインド

養護教諭にとっての「リーガルマインド」……つまり法令を知り、法令を守る精神の重要性を強調しておられるのは、毎年、特別支援教育の養護教諭向けにキャリアアップ講座を開いていた飯野順子氏（前筑波大学教授）です。

ときには、ルールを少し逸脱しても、子どものためにやってしまう……そんな、子ども中心の、愛情あふれた養護教諭の先生がおられますよね。

しかし、あくまでも社会の中では、法律やルールを順守しなければならないのです。もし、実態と法律・ルールの間に齟《そ》齬《ご》があるのなら、それを変革することが役割ともいえます。

法律やルールは、人間が幸福に生きるための最低限の取り決めであり、人間がつくり出したものなのですから……。

子どもたちが、学校で学習するために不可欠である医療的ケアを、特別支援学校などの教員ができるようにするために、現場の先生方が長い間実践研究を繰り返し、法律家や医療関係者の反対をはねのけて、法律の解釈を変えた例をお話しいたしました（「医療的ケアの例」p.19 ～ 21 参照）。

法律を犯すのではなく、地道に努力することで法律の解釈や法律そのものを変えていく。それまでの道のりは長く、悔しいものだと思いますが、飯野氏の姿勢を学びたいものです。

さてさて、役割ばかり申し上げてしまいましたが、先生方には、もうちょっと楽させて……というより、ゆとりを持たせてあげたい！……という気持ちもあるんです。

4. 歴史の落とし穴の中で……
自分なりのリーダーシップを

・歴史の落とし穴の中の養護教諭
・養護教諭がいるだけで……
・自分なりのスタイルで……

保護者・社会からの過度な期待と要請

医師で、小説『チーム・バチスタの栄光』（宝島社）の著者である海堂尊氏は、

「今は医療従事者への“社会的要請”が過度になっており、医療を取り巻く世界はいろいろな意味で厳しいです。その中にあって、医師や看護師、あるいは医療の仕事を目指す人は、大変だと思います。」※31

とおっしゃっています。

まさに、養護教諭も同じことがいえますよね。過度な期待が寄せられ、頑張れども、頑張れども、あっぷあっぷの状態なのですから……。

※31 「すべての医療行為は人を助けるためにあるべき」『朝日新聞』2008.4.6

歴史と社会に仕掛けられた落とし穴

1984 年、従来の詰め込み学習の反省から、中曽根内閣の主導により臨時教育審議会（臨教審）で始まったのが“ゆとり教育”です。

それにより、学習内容や授業時間の削減、小学校１、２年生の理科・社会が生活科に、1992 年からは第２土曜日（1995 年からは第４土曜も）休業と段階を経て、2002 年からは学校週５日制や、総合的な学習の時間の新設がされてきました。このころには、家庭科も男女共修化（1993 年中学校、1994 年高校）されました。

「この時代は、『〈社会の成熟〉教育の人間化、人間性重視』が、『〈経済の成熟〉競争原理』をわずかながら上回る、日本近代教育史上画期的な、しかし一瞬のときであった」※32 と佐藤三三氏は指摘しています。

つまり、主要教科を中心とした知識中心から、「生きる力」という「トータルな人間教育」へ、そして、それにより「いろいろな物差しで子どもを見る」ことができるようになったのが、この時代です。「〈社会の成熟〉教育の人間化、人間性重視」に振り子が振れたときだったといえます。

このような時代に、子どもたちの心身の健康課題は多様化し、養護教諭は（よく言えば）活躍する場に困ることはなく、それ

※32 「教育改革の意味するもの―子ども・学校は今―」佐藤三三『日本養護教諭教育学会第17回学術集会』p.33-34、2009

どころか、やれどもやれども、子どもの課題に奔走する日々だったのではないでしょうか。

そして、学習指導要領（2009年度移行措置、2011年度完全実施）は、地球規模での競争激化に対し、ナショナリズムと人間能力の限りなき開発の道を歩むことに“舵”を切り、経済の国際競争力強化に向っていきました[※33]。

すなわち、歴史的な流れの中で、世界的な規模での地球の存続や、人類存続への危機感を持ち、競争の中で労働の場も奪われ、安心・安全とはいえない社会の中で、子どもが育っていかなければならないことを強いられたといえます。あえて、癒やしやケアを創り出さなければ、学校も社会も成り立たなくなっていく世の中なのです。

※33 「教育改革の意味するもの―子ども・学校は今―」佐藤三三『日本養護教諭教育学会第17回学術集会』p.33-34、2009

養護教諭の役割や期待が過度になっていくのは、世界の市場原理に、そして歴史に仕組まれ、はめられた、必然的な落とし穴としか言いようがない状況といえましょう。

言い換えれば、歴史の落とし穴の中の養護教諭は、闇の中の天使と言えるのかもしれません。

養護教諭がいるだけで……

ある年の夏、アメリカで行われた国際スクールナース学会で、日本では１校に一人以上の養護教諭がいると言うと、「誰が給料を払っているのか？」という質問が出て、公的なお金であると答えたら、びっくりした声が会場の至るところから上がりました。世界的不況で、スクールナースが減らされている国もある背景からなのですが……。

以前、ヘルス・プロモーティング・スクールが進んでいるということで訪問したシンガポールや香港には、一部の学校を除いてスクールナースがおらず、香港の学校では、職員室や倉庫の片隅に医務室（救急セットが置いてあるだけ……）があるのみという惨状でした。近年、香港でもスクールナースが力を増してきています。

こういう各国の状況をみると、ヘルス・プロモーティング・スクールは、実は、日本がかなり進んでいることを再確認するわけです。その理由はというと、やはり養護教諭という専門職が１校に一人以上いるからだと感じました。

養護教諭の英訳を「スクール・マザー」と考えた学生がおりましたが、読者の方から「私は“学校のおっかさん”です」というご感想をいただいたことがあります。確かに、母がいるだけで安心だ、というイメージには納得できますね。

これもやってあげたい、あれもやってあげたい、でも、なかなか手が回らない……。アメリカでは、公立校の半分以上がパートタイムのスクールナースだそうです。

そんな世界的視野から見ると「学校に養護教諭がいるだけで、日本の子どもたちは救われているかな……幸せだな……」と私は思うわけです。ただ“手が回らない”“人が足りない”ことは間違いありませんが。

文句を言ってもなにも変わらない

歴史に仕組まれた落とし穴なら、文句を言っても叫んでも、なかなか……おいそれとは、はい上がれなさそうです。

「特別支援学校の養護教諭は、ほかの学校種と比べて相違点も多く、戸惑うこともありましたが、教員の知識レベルが高く、保健室への理解が得られやすいことや、複数配置で様々なチャレンジができることなど、やりがいが多くあります。初任のころは、あれもできない、これもできないと考えがちでしたが、今では、これができる、あれも試せると思っています」とおっしゃるのは、東京都の養護教諭、相澤美佳先生です。

教育とは、人の良いところに目を向けて、そこをさらに伸ばす仕事ともいえますが、人だけではなく、様々な点のプラス面を捉える視点が必要でしょう。もちろん、日常の中には不愉快なことや腹に据えかねることも多々あり、悔し涙に暮れることもあるのですが、それらは明日へのパワーとして蓄えつつ……策を練るわけです。

推理小説で有名な、作家のアガサ・クリスティーが再婚する際、年下のご主人からのプロポーズにとまどったとき、歴史家のご主人に「歴史に比べれば、14 歳の年の差などは問題にならない」と言われて決心したそうです。

歴史は、ゆっくりと流れるわけで、私は自分で整理がつかない悔しいことがあると、「なんだ、歴史的にみると大したことがないな」と思うことにしています。

学校保健安全法についても、これも、あれも、なんにも変わっていないと考えるより、「どこか活用できないか？」「ここは活用できる」と、前向きに考えたいものです。

そして、次の法改正では「ここを変えたい！」と思って実践したほうが、ずっと未来が開けるし、ハッピーだと思うのです。さらに、熟練してくると、それをきちんと相手に伝える余裕も出てくるそうです。

東京家政大学准教授の平川俊功氏は養護教諭時代、
「若いときは、暇そうでいいねといわれるとムカッとしたものです（苦笑）が、『暇だね』という一言の受け取り方についても、『暇に見えるところが技なんです』と胸を張って言えるようになるのです。」※34
とおっしゃっています。

さすが、ベテラン!!　人間も歴史を重ねると、ひと味もふた味も違ってくるようです。

自分の得意な方法でミドル・リーダーシップを

これまでに、ミドルリーダーになれとか、コーディネーターになれとか、伝える力を鍛えよとか、研究をやれとか……こんなに多忙な先生方に、まあ好き勝手なお願いをしてきたわけですが……（「私は、どれも不得意!!」というお声もちらほら……）。

先生にお伝えしたいのは、「**“自分なりのスタイル”で**いいんですよ～、先生！」ってことです。

なぜか誰も信じてくれないのですが、10年前の私は、会議でも意見を言えずに、会議中に机の下から「ちゃんと意見を言いなさい！」というメモが回されるような人間でした。

今でこそ、多少意見を言えるようになったとはいえ、得意というわけではなく、どちらかといえば発言の前後で胃が痛くなるほ

※34 「保健室経営アイデアノート」平川俊功『健康教室臨時増刊号』第59巻、第2号（通巻862号）、2008

うの人間だと思います。こういうと、周りの人からは「え～??」「うそ～！」などと返ってきますが……本当なんですから……!!

「シャープな発言で人を先導するかっこいいリーダー」を見るとうらやましい限りですが……、私はイメージとは裏腹に、なにかひとつのことを協力してやらなければならないときに、決してぐいぐい先導して旗を振ったり、周囲を強引に牽引していったりするタイプの人間ではないように思います。

そんな自分なので、自分自身は“一人ひとりのやる気をいかに引き出すか”“皆の気持ちをいかにひとつにできるか”ということを大切にしようと思っています（まだまだ未熟で、いつもお叱りばかり受けてしまうのですが……）。そして、その行き先を間違えないように見定めることが、最も重要であり、ミドルリーダーの役割であると考えています。

最近では、それが自分のスタイルだと思うようになってきました。

◇◇

千葉大学の前学長を務められた古在豊樹氏も、決してスピーチが上手なわけではありませんでした。しかし、朝は誰よりも早く大学に来て、小走りで大学内を移動するフットワークの良さをお持ちでした。

学生や若手教員など、普段学長と話す機会のない（私などは、それ以前は学長にお会いしたこともなかった……）人との懇談会を頻繁に開催されるなど、一人ひとりと向かい合った対話から、そのリーダーシップを発揮した方です。

スピーチがうまく、強いリーダー性により周囲を牽引するアニマル系リーダーとは異なり、どちらかといえば、癒やしを感じさせ、接する人をいつのまにかやる気にさせるような、新しい形のプラント系リーダー（古在前学長が園芸学部の先生だからというわけではないのですが……）でした。

目的を見定めた上で、自分なりのスタイルを持つ

私は、このような古在氏の方法論に、養護教諭のリーダー像に近いものを感じていました。人間は、個性や性格、考え方など、一人ひとりみんな違います。同じように、リーダーのスタイルにもいろいろな形があります。

旗を振って先導する人、人前で話すことは苦手だけれど、一人ひとりと丁寧に会話をして、連携の輪を広げていく人、人から３歩下がって影を踏まず、後ろで控えているようなタイプの人……などなど。どんなスタイルでもいいんです。

先生ならではの自分の得意なやり方で、ミドル・リーダーシップを貫いていってください。

また、高い専門性を身につけるには、子どもに日々一生懸命向かい合うだけではなく、最先端の情報をキャッチする時間や労力が必要だということを認識するのも大切です。

一生懸命やったはいいけど……間違った処置（例えば、今は否定されている過呼吸症候群のペーパーバック法など）で、子どもに重大なダメージを与えてしまっては、専門家は失格なのですから……。

少しは肩の力を抜いて、自分の力を高めていく

p.188 で紹介した海堂尊氏の発言は、

「医療の仕事はマラソンのようなもので、世の中の期待に敏感になりすぎると、途中で潰《つぶ》れてしまいかねません。少し肩の力を抜いて、自分の力を高めていくような方法を考えたほうがいいと思います。」

と続いていました。

目の前のことだけに、やみくもに走るのではなく、こんな世の中だからこそ「少しは肩の力を抜いて、自分の力を高めていく……」。このバランスを上手に保っていくことができると良いですね。

ここで私が読者の方々にお伝えしたかったのは、「歴史にはめられた養護教諭への過度な期待と負担」「けれど養護教諭がいるというだけでもかなり重要」「文句を言うのではなく、少しでも未来を向いて」「自分なりのスタイルで」「最先端の情報にもアンテナを張って」でした。

最後になりましたが、最後までおつきあいくださいまして、本当にありがとうございました！

また、どこかでお会いいたしましょう。

◆著者紹介◆

岡田　加奈子

千葉大学　教育学部　養護教諭養成課程　教授

略歴

学歴　千葉大学教育学部 養護教諭養成課程を経て特別(看護)教員養成課程 卒業
　　　東京大学 大学院 教育学研究科 健康教育学専攻 修了

学位　東京大学より博士（保健学）授与

職歴　平成５年に千葉大学教育学部 養護教諭養成課程 採用 現在 教授
　　　平成８年　カナダブリテッシュコロンビア大学ヘルスプロモーション
　　　研究所客員研究員

養護教諭ってなんだろう？

2015年９月15日　初版第１刷発行

著　　者　岡田加奈子
発 行 人　松本 恒
発 行 所　株式会社 少年写真新聞社
　〒102-8232　東京都千代田区九段南４-７-16
　市ヶ谷ＫＴビルⅠ
　Tel（03）3264-2624　Fax（03）5276-7785
　URL http://www.schoolpress.co.jp
印 刷 所　大日本印刷株式会社

ISBN978-4-87981-531-6 C3037
NDC374

編集：松尾由紀子　DTP：木村麻紀　校正：石井理抄子　イラスト：しまこ　編集長：野本雅央